Deux frères

SOURCES

Toutes les citations de ce livre ont été recueillies par l'autrice auprès des parents, des proches, des amis et des collègues de Marwan et Bilal Berreni. Certaines citations de Bilal sont issues de ses carnets personnels et du site réalisé en hommage à Zoo Project, son nom d'artiste. Le travail d'archivage a principalement été réalisé par Lilas Carpentier et Antoine Page. Des extraits de son *Carnet de la cabane* et de son essai intitulé *#Cellule7* ont été reproduits avec l'accord de la famille.

Les Arènes,
17-19, rue Visconti, 75006 Paris
Tél. : 01 42 17 47 80

Pour découvrir nos nouveautés,
rendez-vous sur notre site arenes.fr.
Retrouvez les vidéos inspirées de nos livres
sur la chaîne YouTube « Les Arènes du Savoir ».
Et suivez-nous sur les réseaux sociaux !

@les_arenes

Charlotte Chaffanjon

Deux frères

Enquête
sur les disparitions de Bilal
et Marwan Berreni

Les Arènes

Aux deux M.

« Vers un nouveau rivage, ton cœur est emporté,
et l'ancien territoire t'éclaire de ses phares »

Clara Ysé, « Le monde s'est dédoublé »

Prologue

Le 12 octobre 2023 dans l'après-midi, le corps de Marwan Berreni est retrouvé dans une maison abandonnée de Corcelles-en-Beaujolais, un petit village du Rhône. C'est le fils du propriétaire des lieux, venu en repérage pour de futurs travaux, qui a découvert le jeune homme de 34 ans, acteur vedette de la série *Plus belle la vie*, suicidé par pendaison derrière ces murs de béton défraîchis plantés au bout d'un jardin d'herbes folles.

Dix semaines plus tôt, dans la soirée du 3 août, Marwan Berreni, au volant de sa voiture, avait percuté une jeune femme dans une zone industrielle de Mâcon (Saône-et-Loire). Il sortait du Club 400, une boîte de nuit dans laquelle il était arrivé seul à 22 h 30 et dont il était reparti trente minutes plus tard, toujours seul. La victime s'en était sortie avec de nombreuses blessures. Le comédien, lui, s'était comme volatilisé.

J'ai découvert la disparition de Marwan Berreni quelques jours plus tard dans la torpeur de l'été. Un magazine people à moitié trempé traînait au bord de la piscine et clamait à sa une qu'il était recherché par la police. J'avais regardé plusieurs épisodes du feuilleton, que ma grand-tante adorait. C'était suffisant pour que j'associe immédiatement le visage en photo au personnage d'Abdel Fedala, l'avocat/caïd/beau gosse de la série. En rentrant de vacances, j'ai proposé à mon journal, *Libération*, de me pencher sur cette histoire qui m'était restée en tête. « Un acteur de *Plus belle la vie* a disparu après un accident, le déroulé des faits est un peu obscur, je peux regarder, si ça vous intéresse ? »

Juste avant, j'avais fait une recherche sur Google pour voir si Marwan était réapparu. Mais non. Aucune nouvelle depuis trois semaines. Pas le moindre signe de vie. La presse locale y avait consacré quelques articles, une information judiciaire pour blessures involontaires avec délit de fuite avait été ouverte, le procureur de la République de Mâcon, Éric Jallet, restait obstinément muet. Les enquêteurs aussi.

J'essayais d'imaginer comment un homme connu comme Marwan Berreni pouvait s'échapper comme ça sans que personne le repère jamais. Et quelle logique pouvait le conduire à mettre en péril sa carrière à ce point-là, puisqu'il était censé être la star de la reprise de *Plus belle la vie*. France Télévisions avait mis un terme à l'aventure quelques mois plus tôt, mais le tournage devait démarrer à la rentrée pour une nouvelle version sur TF1. Je ne connaissais évidemment rien de sa vie personnelle ni de ses tourments intimes. Étrangement, l'hypothèse d'une cavale épaulée par d'audacieux complices ou même celle d'un traquenard façon polar sur fond de je ne sais quel trafic me semblaient beaucoup plus plausibles que l'idée qu'il ait attenté à ses jours pour avoir causé un accident de la route. Mon chef de service m'a tout de suite donné son accord pour creuser le sujet, mes collègues autour de la table semblaient aussi intrigués que moi par ce scénario où le fait divers rejoignait le showbiz et où l'enquête policière était percutée par la notoriété d'un disparu et des enjeux télévisuels d'envergure.

J'ai échangé dans l'après-midi même par téléphone avec Mourad Berreni. J'étais tombée sur son numéro un peu par hasard au gré de mes recherches. Il a répondu tout de suite: « Ah, vous vous dites que vous avez eu du bol de tomber sur le père directement ! » Je me suis retrouvée quelques secondes sans voix. Il m'a expliqué qu'il s'était isolé avec sa femme, Martine, pour fuir la presse people qui les harcelait. Ne pas savoir où était son fils. Vivre « un enfer ». Et il a ajouté: « On a besoin de silence. » Je lui ai répondu: « Oui, bien sûr, je comprends. Si vous changez d'avis, n'hésitez pas à me rappeler. » Comment imaginer que cette courte conversation maladroite allait être suivie par des dizaines et des dizaines d'autres ?

Des articles m'ont appris que Marwan avait un frère, Bilal, peintre urbain de talent, qui avait été assassiné à Detroit, aux États-Unis, dix ans plus tôt. Il avait 23 ans au moment du drame. Son corps avait mis huit mois à être identifié, huit mois pendant lesquels sa famille se demandait où il était. La quête d'un fils disparu n'était donc pas une première chez les Berreni.

Mon enquête est parue dans *Libération* le 5 septembre 2023, intitulée « La mystérieuse disparition de Marwan Berreni, antihéros de *Plus belle la vie* ». Mourad et Martine ont vu leurs téléphones soudain saturés d'appels de mes consœurs et confrères d'autres médias. La télévision s'est penchée sur l'affaire, débattue des plateaux de BFMTV à celui de Cyril Hanouna, ce dernier mettant allègrement son grain de sel sur les plaies. Comme souvent avec l'animateur survolté, c'est devenu du délire. Un jour, une ancienne Miss France jurait que Marwan s'était sans doute « foutu en l'air », un autre, un chroniqueur affirmait qu'il était caché en Suisse. Sûr de sûr ! Les réseaux sociaux sont devenus un défouloir. Des *haters* reprochaient au disparu d'être un lâche, des fans éplorés suppliaient leur idole de se rendre.

Durant ces semaines incontrôlables, je partageai de nombreuses discussions, quasi quotidiennes, avec Sophie, l'agent de Marwan, plus épisodiquement avec Mourad, puis avec Rachel, l'avocate que les parents avaient fini par embaucher pour les aider à en savoir plus sur l'enquête. Et puis je commençai à contacter des connaissances, des proches, des amis, des collègues du disparu, mais aussi de Bilal.

Ses parents m'ont un jour fait comprendre qu'ils souhaitaient s'adresser à Marwan dans l'hypothèse – il fallait bien l'admettre, de moins en moins crédible au fur et à mesure que le temps passait – où leur fils pourrait recevoir leurs mots. Il restait à trouver la forme.

Le 2 octobre 2023, je publiais dans *Libération* leur lettre.

> Marwan, si tu penses que tu as besoin d'aide pour chasser ce nuage sombre qui plane au-dessus de toi et te fait ressentir tristesse et désespoir ; pour que tout aille mieux demain ;
> Marwan, notre fils, affronte tes peurs. Tu as le droit de pleurer, mais reprends ton chemin, crois en toi, crois en tes rêves, même ceux que tu ne prononces pas. Murmure les mots qui réconfortent ; tu les connais, fais-toi confiance !
> Sache que toutes les tempêtes ne viennent pas forcément gâcher notre vie... Tu es unique, tu es formidable, on aime ton rire, on aime ton sourire. Marwan, simplement, nous t'aimons, et croyons en toi ! Reviens ! On a besoin de toi !
>
> Pop et Mam

Dix jours plus tard, le corps de Marwan était retrouvé dans la maison abandonnée, mais les mots si intimes que Mourad et Martine m'avaient confiés ne me quittaient pas.

J'ai compris que le suicide de Marwan, qui datait, selon toutes les constatations, du 4 août 2023, lendemain de l'accident, et l'assassinat de Bilal étaient directement liés. C'était pourtant une famille « dans laquelle tout allait bien », comme me l'a dit plus tard Martine, qui ajoutait en murmurant : « Rien n'explique cela. » J'ai compris que c'était une histoire d'amour, de fraternité, de deuil, une histoire universelle qui comprenait des particularités extraordinaires. L'histoire d'une famille ordinaire foudroyée. Mais que malgré tout restait la lumière.

Mourad
et Martine

C'est comme dans un rêve, cet appartement. Immense, un duplex de cent mètres carrés, deux balcons. Lorsque Mourad et Martine ont su qu'ils allaient quitter leur petit studio de la villa Stendhal pour un HLM de la Ville de Paris, ils ont craint qu'il ne soit situé dans l'une des trois tours du quartier Saint-Blaise. Elles culminent à cent cinq mètres et trente-six étages pour la plus haute, la Giralda. Un ensemble dressé dans les années 1960-1970, frénésie du béton et urbanisme de dalle, pile à la place d'une partie des maisons du village Charonne. Leur esthétique divise : deux d'entre elles sont plutôt agréables, d'un béton blanc immaculé, sorte de trait d'union entre le gris du bitume et du ciel, avec des fenêtres taillées à angle rond qui leur confèrent presque de la douceur. Mais le couple est dans le camp de ceux qui n'aiment pas vraiment. Surtout, Mourad et Martine redoutent leur réputation. La cité du 20e arrondissement est la plus dense d'Europe, les petits et gros trafics font partie du quotidien. Toujours est-il qu'en cette fin 1990 ils tirent le gros lot. Le logement est situé dans un immeuble de huit étages rue Saint-Blaise, avec la belle église Saint-Germain de Charonne au bout de la rue, qui devient pavée à son approche, cadeau du ciel pour les nostalgiques d'un Paris de carte postale. Et puis il offre une perspective dégagée sur les arbres du mail. Au sein de la résidence, un miracle au cœur de ce coin de Paris strictement bétonné, deux jardins font office de potager, une cabane à outils sera bientôt construite dans l'un d'eux et un bout de pelouse bien tondue les jouxte. Une végétation luxuriante, le bruit des oiseaux. Au pied des tours qui s'élèvent au-dessus de leur tête. Mais pas dans les tours. Que demander de plus ?

À cette époque, Jacques Chirac est le maire de Paris, les règles d'attribution sont opaques, ce qui donnera lieu à l'affaire des HLM de Paris, l'un des scandales politico-financiers les plus retentissants des années 1990. Martine travaille à l'Hôtel de Ville, où elle va grimper jusqu'à la direction des Affaires scolaires, section « Action éducative ». Mais ils ont attendu longtemps et n'ont pas bénéficié de favoritisme. Simplement de la chance. Le loyer annoncé est ridiculement bas, ils pensent à une erreur. Mais non, et tant mieux, ces joyeux trentenaires ne roulent pas sur l'or et ont deux bébés.

Bilal est né en juin, dix-huit mois après son frère aîné, Marwan.

Mourad ne passe pas inaperçu dans le quartier. Belle gueule, grand de taille, cheveux bruns en bataille, style vestimentaire bariolé mais travaillé, un rire sonore qui s'entend loin à la ronde. Du panache et une grande confiance en lui. Après avoir donné des cours de théâtre et monté des spectacles pour une association de quartier dans la petite salle des Quarts d'Heure, l'artiste s'est débrouillé auprès de la mairie du 20e pour obtenir à la location les clefs d'un vaste local rue des Orteaux, à quelques minutes à pied de chez lui en passant par un square. Il y crée le théâtre de l'Écho, dans lequel il fait tout. L'acteur dans des pièces qu'il met en scène. L'auteur, le chanteur, le danseur et même le magicien. Le coffre de la voiture de Mourad et Martine est toujours plein de déguisements. Un jour, ils retrouvent la vitre arrière brisée, tout le matériel envolé, chapeaux, gants, fausses barbes. Le couple, un peu naïf ou bien facétieux, file dans le quartier de la Goutte-d'Or, au siège du journal *Libération*, pour faire publier une petite annonce adressée aux voleurs. S'ils pouvaient leur rendre leurs affaires, ce serait formidable ! Sans succès.

Martine est plus discrète que le père de ses enfants. Ses lunettes de vue lui mangent la moitié du visage, mais son carré court met en valeur un sourire espiègle. Elle porte tout autant de couleurs.

Les garçons iront à la crèche juste à côté de chez eux. Là, en revanche, il a fallu faire le pied de grue pour obtenir non pas une, mais deux places d'un coup, ils sont si rapprochés. Marwan est un enfant facile, sourire scotché au visage, à dévoiler sa mâchoire avant même qu'il ait des dents. Bilal, rien à signaler non plus, mais ses parents s'étonnent. Toujours une remarque des dames de la crèche au moment des transmissions. Le petit a râlé pour ci ou pour ça, ils ne comprennent jamais vraiment bien pourquoi. C'est juste un bébé après tout, à bouffer avec ses joues rebondies qu'il gardera toujours.

Dès l'entrée à l'école, les journées commencent de la même façon. Ce sera le souvenir de leur vie, aux deux fils. Tous les copains en entendront parler. À 7h30, les quatre membres de la famille se réunissent autour de la table de la salle à manger. Le petit déjeuner est un rituel immuable. « Sinon, quand discute-t-on ? » demande Martine. C'est toujours gargantuesque. Du salé, du sucré. Du jambon, du fromage, des croissants, du jus de fruits et surtout du Nutella, en couche épaisse sur des tranches de pain brioché. Mourad et Marwan parlent haut, se marrent fort, ils ont toujours une anecdote à raconter lorsqu'ils ne poussent pas la chansonnette. Martine sait s'imposer entre ses trois gars. Intelligente, diplomate, douce. Bilal écoute, ne dit pas grand-chose, les cheveux en bataille, la tête plongée dans sa tasse, les yeux mal réveillés.

C'est le moment où Mourad raconte son arrivée d'Algérie, tout petit, lors de l'exode de 1962. Et le seul séjour qu'il y a fait depuis. Chez un oncle, il avait 17 ans. Les couleurs, les parfums, les musiques d'Alger s'estompent presque. Ils se promettent d'y aller ensemble un jour. L'installation à Bar-le-Duc ensuite, avec ses parents. Une enfance tranquille à faire le tour de la Moselle voisine au gré des affectations de son père gendarme. Lorsqu'il s'agira de monter en grade, ses supérieurs exigeront qu'il change de prénom. Mohamed pour un capitaine, c'était impensable dans les années 1970. Le lieutenant Berreni refusera et restera lieutenant.

Les garçons sont fiers de l'intégrité de celui qu'ils appellent Papy Momo et qu'ils retrouvent à Noël dans sa maison de la Meuse. Les cheveux et la moustache grisonnante, mais si classe avec ses lunettes aux verres orangés.

Martine a aussi son lot d'histoires à partager. Des petites et la grande. Elle a poussé dans le Périgord noir, à l'ombre majestueuse de son père, Charles Sarlandie. Originaire du petit village de Saint-Mesmin, instituteur à Sarrazac, il deviendra l'une des principales figures de la Résistance en Dordogne Nord, chef d'état-major, commandant en second du bataillon Violette. Les récits de la guerre et le courage de cet autre aïeul qu'ils ont à peine connu hypnotisent Marwan et Bilal. Leur mère leur raconte ce qu'elle a entendu de Charles, ce dont il a aussi témoigné devant des foules de lycéens ensuite, en indispensable passeur de mémoire. Ses débuts comme militaire dans l'aviation, la débâcle de juin 1940, l'armistice, le pays coupé en deux, zone libre, zone occupée, le maréchal Pétain au pouvoir. La Résistance sur les routes vallonnées de la Dordogne. Son épouse, leur grand-mère, Thérèse, était postière à vélo et passait de précieux petits mots cachés dans la culotte de leur tante, la sœur de Martine, agrippée à la selle arrière. Et puis l'inauguration du Service du travail obligatoire, l'envoi des jeunes Français en Allemagne, les réfractaires, les maquisards. La mise en place de tout un système pour les camoufler.

Tous ces récits valent mieux que n'importe quel cours à l'école. Parmi eux, un épisode en particulier est un classique que Martine elle-même a entendu mille fois avant de leur livrer mille autres fois. C'est l'histoire d'une religieuse, sœur Philomène, qui par dépit amoureux aurait trahi en livrant des secrets de la Résistance aux occupants. Un acte qui aurait entraîné le 16 février 1944 un massacre resté tristement fameux, celui du pont Lasveyras. Trente-quatre réfractaires au STO massés dans le moulin de la Forêt à Beyssenac furent exécutés, douze autres déportés en camp de concentration. Charles Sarlandie gérait le territoire. C'était son maquis, ce fut son drame. Mais il déplora l'exécution de sœur Philomène, persuadé que ce n'était pas elle la coupable de trahison, mais plutôt le propriétaire du moulin. Pour la famille du résistant, cette opposition à une mise à mort traduit une certaine idée du courage. Du rapport à une possible rédemption aussi, peut-être. Du rapport à la vie, très certainement, une affaire d'engagement et de compassion. Les rumeurs et les légendes sont nombreuses autour du destin de sœur Philomène. Elles ont donné lieu à des livres, à un film, *Ici-bas*, avec la comédienne Céline Sallette. Ça a fait bizarre à Martine de découvrir cela, un bout de son histoire sur grand écran. Très romancée, mais tout de même.

Après le petit déjeuner, Mourad va souvent se recoucher. Il est rentré tard la veille du théâtre où il enchaîne les mises en scène et les représentations. Des créations originales pour les adultes et pour les enfants. Marwan et Bilal, Marou et Bilou, ont 5 et 3 ans lorsqu'ils commencent à s'amuser sur les planches, 9 et 8 ans lorsqu'ils endossent leurs premiers rôles sur la scène de l'Écho. Dans une version maison des *Trois Mousquetaires*, Marwan joue le héros, le Gascon d'Artagnan, Bilal est Athos, celui qui « haussait les épaules quand on lui parlait de l'avenir[1] ».

L'aîné adore habiter la scène, apprendre les textes et les déclamer, les défendre, discuter avec le public après les shows. La salle est un cadre intimiste, elle permet une proximité chaleureuse et galvanisante. Bilal joue le jeu, mais il préfère l'ombre des coulisses, dans lesquelles il demande parfois à rester lors d'une énième représentation d'un même spectacle. Surtout, il n'aime pas que les gens rigolent lorsqu'il apparaît sur scène – ni même ailleurs. Ce qui arrive très souvent. Ça le contrarie, il bougonne qu'ils sont trop cons, les gens. « Mais non, ils ne se moquent pas de toi, le cajole sans cesse sa mère. Tu as une tête de clown, c'est comme ça. »

---

1 Alexandre Dumas, *Les Trois Mousquetaires* (1844), Folio, 2023.

Marwan cherche à plaire. Comme son père, la lumière l'attire. Ce n'est pas de la prétention, il ne se croit pas supérieur, cela ne traduit même pas une confiance en lui débordante. C'est juste un besoin d'exister dans le regard des autres. Bilal, lui, s'en fout. Il débarque toujours d'on ne sait où, un peu débraillé, les cheveux en bataille, l'air d'être là sans vraiment l'être. C'est une présence aussi puissante qu'évanescente, un curieux contraste dont l'enfant, puis l'ado qu'il devient ne semble pas conscient.

En classe, Marwan a le sentiment d'être décalé par rapport à ses camarades. Né en décembre, il est toujours le plus petit du groupe. Ses copains écrivent des phrases entières à la rentrée en CP. Lui, il griffonne seulement « Papa », « Maman », « Marwan » et « Bilal ». Ça l'agace. Il est moyen à l'école mais malin dans la vie. Il comprend vite les règles du jeu et se débrouille toujours pour être au-dessus de dix, parfois onze ou douze même. Histoire d'être vraiment tranquille. Ça passe. Tout juste mais ça passe. L'essentiel n'est pas là de toute façon. Il est sur la scène du théâtre de l'Écho où les rôles se succèdent, dans *Molière Circus*, *Tableau de famille*, *Cabaret La Fontaine*. Il est dans la cour de récré, il est avec ses copains, il est avec les filles. Deux niveaux en dessous, Bilal excelle. L'élève survole les cours, va vite. Et s'ennuie. Il commence à griffonner des petits dessins sur des bouts de papier d'abord, puis sur les murs de sa chambre, puis sur les murs du collège Saint-Blaise.

Taguer, c'est une peccadille comparé à la façon dont d'autres voisins de classe occupent leur journée. Des fils de mères célibataires souvent, qui peinent à joindre les deux bouts et ont du mal à gérer leur progéniture en roue libre. Des gosses impliqués dans des affaires pas nettes, des mineurs qui font vrombir des BMW dans la cité. En juillet 2002, la police judiciaire démantèle un réseau faramineux qui officiait à Saint-Blaise, qualifié de « mafia » de la drogue par la presse[1]. La

---

[1] Claudine Proust, « À Paris, la "mafia" de la drogue est tombée », *Le Parisien*, 31 juillet 2002.

brigade des stups saisit cinquante mille cachets d'ecstasy, dix kilos de cocaïne, cinquante kilos de cannabis, des voitures, des motos, des armes. Ça vous pose un quartier. La question d'envoyer Marwan et Bilal dans le privé est survolée quelques secondes. « Mon père se retournerait dans sa tombe », évacue Martine en pensant à Charles Sarlandie, qui après la guerre est devenu professeur puis directeur de différents collèges à Paris. En quatrième, les garçons sont tous les deux intégrés en section européenne, la « classe E ». Celle des plus doués.

Marwan passe dans le lycée du coin. Il enchaîne alors en parallèle des cours les heures de théâtre, un apprentissage qui se déroule au prestigieux cours Florent le mercredi ou le samedi après-midi. L'ado a la tchatche et se fait aimer de tout le monde, ici comme ensuite au conservatoire du 5e arrondissement de Paris. Avec Mourad, il suit même un temps un stage dirigé par le fils du célèbre coach américain Lee Strasberg qui a enseigné sa méthode d'*acting* à une foule de stars américaines : Al Pacino, qu'il a guidé sur le tournage du *Parrain II*, Robert De Niro, James Dean, Marlon Brando, Dustin Hoffman, Marilyn Monroe ! Que du beau monde, que des idoles pour Marwan.

Le théâtre est partout dans leur vie. Certains étés, les vacances de l'adolescence se déroulent en partie sous la chaleur écrasante du Festival d'Avignon. Bilal et Marwan suivent leurs « ramps » ou « Pop et Mam », comme ils les appellent, dans la cité des Papes. Mourad y pose ses malles sur les petites scènes du off pour présenter ses créations. Les garçons distribuent des flyers au nom du père dans les petites rues en ébullition et se faufilent dans les salles obscures pour assister à jusqu'à trois spectacles par jour.

Bilal intègre sans difficulté le lycée des métiers d'art, l'exigeante école Boulle. Il passe ses nuits à travailler ses projets dans sa chambre, du rap dans les oreilles. Lorsque Marwan est pris d'un réveil nocturne, il marque toujours un arrêt devant la porte entrebâillée de son frère, qu'il trouve penché sur ses feuilles à dessin. « Tu ne dors pas ? » lui demande-t-il systématiquement, subjugué par sa résistance.

Petit à petit, les quatre murs de l'antre du cadet sont entièrement tapissés de ses croquis. Le jour, il aime s'installer dans les allées du Louvre ou à la Pinacothèque, un musée consacré à l'histoire de l'art au cœur de Paris qui fera long feu, pour griffonner sur ses carnets, annoter ses propres essais, se juger souvent « pas génial ». Il ne montre quasiment rien de son travail à ses parents. Lorsque, après plusieurs heures à bosser, un prof exigeant a quelques remarques à lui opposer, l'étudiant le prend mal. Mais recommence. Il esquisse encore et encore, fait et refait. Au crayon, au feutre, au Bic, au pinceau. « Il est tellement dur, je trouve, de savoir quand arrêter un dessin, quand est-ce qu'on décide qu'il est fini, juste », se dit le jeune artiste. Mourad est marqué par un prof qui lui souffle une fois à propos des œuvres de son fils, à mi-chemin entre l'admiration béate et la perplexité : « C'est particulier ce que fait Bilal ! »

Mais la vérité, c'est qu'il est au-dessus du lot. Tout évidente que soit la subjectivité d'un regard porté sur une œuvre d'art, c'est lui qui récolte toujours le meilleur avis, la meilleure note, le premier prix. Une matinée de portes ouvertes, Mourad et Martine sont suffoqués par la beauté de vastes nus exposés à l'entrée de l'école. Un enseignant qui leur demande de quel élève ils sont les parents leur apprend que ces dessins sont ceux de leur fils. Ils connaissaient ses graffs, le classicisme du trait les surprend. Il sculpte aussi. Des petits samouraïs en terre glaise, une réplique miniature de l'ours blanc de François Pompon, des corps de femmes bien en chair.

Son bac arts appliqués en poche, Bilal rejoint l'école Duperré pour un BTS communication graphisme. Lorsqu'il gagne le trophée Presse Citron du meilleur dessin de presse, catégorie « juniors », il ne veut pas aller le chercher. La flemme. Ça ne sert à rien, les honneurs, une cérémonie comme les Césars prévue à la mairie du 13e arrondissement de Paris, tout le tralala. Du vent, du temps perdu.

Marwan et quelques copains le poussent à aller récupérer le trophée. Ils sont exaltés, eux. Ils chauffent le vainqueur : « Mais vas-y, profite, savoure ! » Bilal cède, débarque sur la scène en veste noire sur un sweat rouge, égaré face au public, comme à l'époque des *Trois Mousquetaires*. Mais en réalité franchement fier de ramener la coupe à la maison.

Mourad répète à tout le monde que ses fils sont « comme des jumeaux, pas génétiques mais c'est pareil ». D'ailleurs, lorsque l'un part en week-end chez des amis, en classe de mer ou en classe de neige, l'autre s'éteint. « Une chiffe molle, s'étonne Martine. Celui qui reste est toujours une loque. » Ils s'aiment, ils s'aiment vraiment. Comme des frères qui ont passé des heures à discuter dans leur chambre d'enfants, à l'instant où l'avenir est comme le monde, un vaste fantasme, un paquet de rêves et d'envies sans limites. Lorsque tout se dessine, le rapport à soi et aux autres, les goûts aussi, les réponses aux questions les plus simples : T'aimes quoi, t'écoutes quoi, tu lis quoi, toi ? Ils s'aiment comme des frères qui ont passé des heures à faire et à refaire leur petit monde, à se raconter leurs projets pour quand ils seront grands. Comme des frères qui se sont promis, juré ! tu jures ? qu'ils seront toujours là l'un pour l'autre. Ils se comprennent sans trop se parler et puis parfois ils se jalousent un peu, forcément. Ils se chamaillent, ils se cherchent, cherchent le regard de l'autre. Ils se connaissent par cœur. « Ils s'adorent en fait, ils sont fusionnels », résument simplement les intimes.

Pourtant, dans le fond, les frères Berreni n'ont pas grand-chose à voir. Marwan est ostensiblement beau, même l'adolescence ne lui impose pas d'ingratitude passagère. Il ressemble à son père, qui ressemble à son grand-père. Il aime prendre soin de lui, il est stylé depuis ses 4 ans, lorsqu'il arborait sa petite veste en jean et son bandana rouge autour du cou. Ça ne le quitte pas d'aimer plaire et plus tard de tomber les filles. Bilal est charmant. Un physique enfantin – les cheveux le plus souvent sans coupe, les joues rebondies, la bouche tombante –, dont il s'accommode sans en faire une arme de séduction. Pas franchement besoin, il est très bien tout seul.

Marwan, lui, ne vit qu'en groupe. Il se fait des copains partout, il avance les bras ouverts. En 2005, ses parents achètent une petite maison à retaper dans l'Yonne. Ils y filent un week-end sur deux. Leur fils en profite pour piquer la clef du théâtre de l'Écho dans le placard de l'entrée et organiser des fêtes délirantes au sous-sol. L'alcool coule à flots. Tout le voisinage se défoule sur Daft Punk. « Get Lucky ». « Around the World ». « Harder, Better, Faster, Stronger ».

Marwan gagne de l'argent de poche en faisant du baby-sitting. Il adore ça, s'amuser avec les gosses, leur apprendre des choses, jouer la comédie pour eux, rire des légèretés que seule permet l'enfance. Bilal tente aussi, à reculons. Il faut bien payer la peinture et les pinceaux. Mais il abandonne vite, ça ne l'intéresse pas du tout. Marwan est un bavard. Bilal est un taiseux qui va devoir vivre de sacrées aventures pour enfin trouver délicieux de les raconter. Alors là, oui, lui aussi deviendra « un beau parleur », note l'un de ceux qui l'ont souvent écouté raconter ses exploits. Marwan est un fêtard. Bilal est un ascète. Marwan sort la nuit pour danser. Et que cela ne s'arrête jamais. Mais il est toujours debout à 8 h 30, grand maximum ! Même un lendemain de soirée, il faut bien que quelqu'un aille chercher les croissants. Bilal ne supporte pas d'être enfermé. Il fait le mur pour se balader et peindre sur les toits de Paris. Marwan rentre plutôt dans le cadre, il vante le côté heureux de la vie, il trouve que tout est génial, que les gens sont super, que le monde est digne d'intérêt. Ses proches se méfieront un jour de ses excès de joie, de l'absence de nuance dans ses emportements, de ses « ça va, je t'assure, ça va très bien ». Mais jusqu'à présent, tout va bien. Pour de vrai.

Il aime son quartier. L'ambiance de son Saint-Blaise à lui est bon enfant. Les voisins s'entraident. Parmi eux, il y a même la comédienne Firmine Richard quelques portes d'immeuble plus loin ! Ils organisent des brocantes et des fêtes sur la place, comme la fête de la Nature ou la fameuse fête de la Patate. Des tables sont dressées en bas de l'immeuble. Tout le monde dégaine son éplucheur et des centaines de pommes de terre y passent. Gril, musique, bonheur.

Martine et Mourad se revendiquent de gauche « par le cœur et par les valeurs ». Par les actes. Tous les ans, le soir de Noël, ils traînent leurs deux enfants sur les bords du canal de l'Ourcq pour participer à la maraude. Sur son temps libre à l'Hôtel de Ville, Martine s'occupe des petits qui ne partent pas en vacances tout autant que des éducateurs qui dorment dans leur voiture. Un jour de 2008, l'élu écolo Denis Baupin, adjoint aux Transports de Bertrand Delanoë à qui il rêve de ravir la mairie, vient chercher Mourad, devenu une figure incontournable du 20e arrondissement, pour qu'il s'engage sur sa liste. Le père se rend avec Martine à une réunion publique, plus par curiosité qu'autre chose. Le couple est atterré. Il assiste à un spectacle de politicaillerie par le petit bout de la lorgnette. Les débats n'ont aucun intérêt. Mourad ne donne pas suite.

Les chiens ne font pas des chats. Marwan rameute régulièrement dans les jardins de son immeuble les sans domicile fixe du quartier pour des soirées pétanque ou barbecue. Les voisins râlent, et puis finissent par ne plus rien dire. Personne ne résiste au sourire de Marwan. Bilal milite un temps au Parti communiste avec un copain. Son aîné s'engagera pour Jean-Luc Mélenchon. Il tentera d'embrigader ses parents, que le bonhomme ne convaincra pas. Trop fougueux, trop imprévisible, trop virulent.

À 18 ans, Bilal, qui griffonne depuis un moment déjà des dessins sur les murs de la rue, décide de passer à l'échelle supérieure. Avec deux copains, ils se sont baptisés les « TGV » pour « Trois garçons du 20e » et consacrent des heures à graffer, le jour comme la nuit. Ils se font parfois courser sur la Petite Ceinture par des types, une bande rivale de celle de leur quartier. Il y a beaucoup de guerres de clans dans le sud de l'arrondissement. Ça se joue à deux rues près parfois d'appartenir à un camp ou à un autre. On se reconnaît à l'artère dans laquelle on a grandi, à la station de métro la plus proche de chez soi, on est « de Saint-Blaise », « des Orteaux », « de Belleville » ou « de Réunion ». Cela peut être des histoires de filles qui dégénèrent et c'est déjà grave. Des poubelles brûlent pour moins que ça dans le coin. Parfois, ce sont des histoires de respect des frontières. Il y a alors des courses-poursuites, des bagarres terribles. Ça arrive sur le mail, parfois pile devant le Franprix collé à l'entrée de l'immeuble des Berreni-Sarlandie. Et puis cela peut être un mélange de tout ça sur fond de trafic de drogue. Alors, les gars dont les artistes peintres sont venus barioler le terrain apprécient encore moins.

Bilal s'en moque, dans le fond. Il n'a rien à voir avec ce bazar, et puis il pense que la ville n'appartient à personne. Il trouve que le ministère de l'Intérieur peut bien s'en mêler, rameuter la police, fixer des caméras de vidéosurveillance partout, classer un jour si ça le chante son quartier ZSP – « zone de sécurité prioritaire » – ou autre sigle effrayant, et même renommer le collège où il a grandi pour tenter d'améliorer la réputation de l'établissement, la rue est le bien commun. Et encore plus les murs, qui ont leur vie propre et ne sauraient être instrumentalisés. Bilal se fiche des règles à respecter, qu'elles soient imposées par des types en uniforme ou par des petits caïds. En plus, chance pour lui qui déteste faire du sport, il court vite.

Un matin, Mourad et Martine sortent de chez eux et s'arrêtent net sur le trottoir de la rue Saint-Blaise. Le résultat de la nocturne de leur fils s'affiche sous leurs yeux. Monumental, peint au-dessus du restaurant chinois. Comme posé sur la toiture du Mandarin Saint-Blaise, un dessin sacrément haut représente le corps d'un homme accroupi sous les fenêtres de l'immeuble d'habitation qui l'abrite. Le personnage a une tête de pigeon. Tout le monde croit que c'est un aigle, mais c'est un pigeon. Depuis tout petit, Bilal est fasciné par ces volatiles rejetés par tous. Il s'identifie étrangement à eux, « cradouilles et libres », dit-il, qui veulent juste squatter le bitume et en sont chassés. Comme il lui est supposément interdit de dessiner sur les murs qui pourtant lui semblent tout à fait consentants. L'œuvre est signée pour la première fois : « Saint-Blaiz Zoo-Zoo Project ». Martine en reste comme deux ronds de flan, elle est d'abord sans voix, puis se retourne et demande à Bilal, qui est apparu sur le trottoir juste derrière eux, avide de leur première réaction : « Mais qu'est-ce que t'as fait ? » Il ne répond rien, comme toujours. Il se marre, il est super content de lui.

L'artiste ne s'arrête plus. Des centaines de peintures suivent. Le voilà en jean et baskets, qu'il recouvre de bâches en plastique pour les protéger vaguement des taches, se déplaçant en scooter rouge dans tout l'Est parisien, toujours une clope à la bouche. Une échelle de traviole sur sa bécane dont les freins lâchent à intervalles réguliers sans que cela l'inquiète. Des pots de peinture calés entre les pieds. Du noir et du blanc, beaucoup par choix, un peu parce qu'il est légèrement daltonien. Un bras articulé pour atteindre jusqu'aux toitures depuis le sol avec son rouleau. Et des gros pinceaux dans son sac en bandoulière. Il vise des bâtiments défraîchis, des immeubles abandonnés, des tunnels insoupçonnés, des entrepôts désaffectés, des remparts de gares. Il dessine partout, à n'importe quelle heure du jour et de la nuit. Rue de Bagnolet. Rue Clavel. Place Maurice-Chevalier. Boulevard Poniatowski. Boulevard de Ménilmontant. Boulevard Richard-Lenoir. Rue Riquet. Rue de Fontarabie.

Paris est une toile infinie. La centaine de fresques qu'il laisse sur son passage esquissent un message politique de plus en plus précis. Elles tracent la ligne d'un rapport en fuite avec la société. Ses inspirations sont le pionnier du street art engagé Ernest Pignon-Ernest, le peintre communard Gustave Courbet, ou Jean-Auguste-Dominique Ingres, chef de file du mouvement néoclassique.

C’est simple, ce que Bilal souhaite, c’est la fin du capitalisme qui asservit les masses. Ce dont il rêve, c’est d’une nouvelle Révolution. Comme tant d’autres à 20 ans, après tout. Combien sommes-nous à avoir écouté Manu Chao à fond, *Clandestino* à la vie interdite, scandé « *Marijuana ilegal !* », placardé Che Guevara au mur et punaisé un sens interdit sur nos portes, pensant hurler un intense message à la face du monde, la nécessité de renverser l’ordre établi, sans bien savoir ce que cela signifiait vraiment, tout en cherchant à se créer un territoire inassiégeable ? Bilal, c’est autre chose. Bilal ne reste pas sur son lit, « L’Internationale » à fond dans le casque, chantant fort et faux : « L’État comprime et la loi triche, L’impôt saigne le malheureux ; Nul devoir ne s’impose au riche, Le droit du pauvre est un mot creux. C’est assez languir en tutelle, L’égalité veut d’autres lois : “Pas de droits sans devoirs, dit-elle, Égaux, pas de devoirs sans droits.” »

Il n’en reste pas là. Il veut aller jusqu’au bout de la révolte. Même la vie dans un squat parisien qu'il tente pendant quelques mois a un goût d'arnaque. La « Gare aux Gorilles » ouvre en 2009 dans une ancienne station de la Petite Ceinture. Mobilier scrupuleusement chiné, concerts en tous genres pour l'animation et public super hype. Bilal, qui commence à se définir comme un activiste, s'y installe un temps. Il partage quelques bières avec ses éphémères colocs mais les trouve en fait « super cons », ces « branchés qui font de la musique expérimentale », balance-t-il, et l'ensemble « hyperchiant ». Il leur fausse vite compagnie pour faire ce qu'il aime. Arpenter le bitume. Monter sur les toits. Escalader les échafaudages. Descendre dans des cuves. Chercher des murs comme d'autres cherchent des potes. Il a des trucs à leur dire et ils le lui rendent bien, ils se font le miroir de sa pensée. Ensuite sortir son matériel. Il faut poser un aplat de peinture blanche d'abord. Puis creuser les contours de ses personnages à la peinture noire. L'aisance dans le geste est confondante. Il recopie souvent des modèles griffonnés sur des bouts de papier qu'il déchiffonne à la sortie de sa poche. Une manière d'offrir, ou d'imposer, aux passants sa vision du monde. Beaucoup s'arrêtent pour l'interroger sur ce qu'il fait, surtout que Bilal accole presque toujours à ses dessins des citations, des mots savants ou bien qui parlent à tous. Gilles Deleuze, Renaud, Emil Cioran, et même ses inventions parfois, qui sont comme un cri. Il puise ses références dans la mythologie ou la philosophie à égalité avec la variété.

Le long du canal de l'Ourcq, un homme hurle : « Société tu m'auras pas. » Rue de Belleville, un flic au visage de gorille recouvre un chantier. Boulevard de la Villette, un personnage exploité-exploiteur clame : « Ce n'est pas toujours l'exploitation de l'homme par l'homme, parfois c'est l'inverse. » Gare du Nord, des cerveaux à vif dénoncent un monde à la George Orwell. Ailleurs, un Minotaure se pend avec le câble électrique d'une manette de jeu vidéo. Bilal attaque la société de consommation, comme avec ce dessin d'un homme perdu dans les rayons uniformes d'un supermarché, armé d'une carte pour se repérer. Il enrage de l'absurdité d'un monde moutonnier, du travail abrutissant, de la mort du loisir, de la fin de la rêverie, de l'absence d'écoute entre les êtres, du mépris des plus forts pour les plus faibles, d'une élite qui abandonne les trois quarts de l'humanité sur le bas-côté. Il prend des risques délirants, se fait arrêter très souvent. Ses parents reçoivent régulièrement des amendes dans leur boîte aux lettres. 400 euros un jour, 600 euros un autre. Bilal écope d'heures et d'heures de travaux d'intérêt général, au point qu'il se dégote une combinaison d'agent municipal pour tenter de duper les forces de l'ordre. En vain.

Un soir, à 22 heures, le téléphone sonne chez les Berreni-Sarlandie. C'est un policier qui vient d'alpaguer Bilal, ou plutôt un pot de peinture sur pattes en train d'œuvrer sur un mur voué à être détruit. Le gamin lui a expliqué qu'il avait l'autorisation de « Martine Sarlandie qui travaille à la mairie de Paris ». Il n'a pas précisé que c'était sa mère. C'est vrai que cela se fait parfois, les tags et les graffs autorisés sur des murs voués à la destruction. Alors sur un malentendu… Martine bafouille qu'il faut rappeler le lendemain. Aux premières heures de la matinée, nouveau coup de fil de la police, directement à son bureau de l'Hôtel de Ville. La mère-employée de mairie confirme avoir donné l'autorisation au fils. C'est faux, évidemment. Le soir, elle lui passe un savon. Il s'esclaffe. « Tu t'en es vachement bien sortie ! Et puis qu'est-ce que ça peut faire, il va être détruit de toute façon. » Vrai. « Et les voisins qui ont balancé, ils ont que ça à faire ? » Pas faux. « Quelle saloperie, ce gosse, il ne manque pas d'air », soupire Martine, débordante d'une affection folle. Ce n'est ni la première ni la dernière fois qu'elle se le dit.

Malgré tout, ses coups de tête et ses tocades, Bilal se fait repérer. Il devient une star locale. Son travail fait parler le Paris du street art et bientôt de l'art. Les propositions des galeries affluent. Mais voilà, il a décidé qu'il ne toucherait pas un centime de son travail. Parce que gagner de l'argent, c'est jouer le jeu. Et jouer le jeu, c'est la fin de la liberté. Bilal préfère les murs illégaux, ceux qui ne sont pas monnayables. Au point de refuser une offre du Centre Pompidou qui lui soumet un espace à exploiter comme bon lui semble. Il faut que ce « non » insensé soit la preuve radicale de son intégrité.

« Quelle saloperie, ce gosse », variation en trois temps

En novembre 2007, l'artiste JR expose *Face2Face*, l'un de ses fameux collages en noir et blanc, « la plus grande exposition de photographie au monde », revendique-t-il. Des portraits d'Israéliens et de Palestiniens qu'il a d'abord placardés de part et d'autre du mur de sécurité qui sépare Bethléem de Jérusalem et qui recouvrent désormais une façade de la rue de Rivoli. L'artiste, sept ans de plus que Bilal, a commencé dans les rues de la capitale, comme Bilal, en prenant les façades pour des murs d'exposition, comme Bilal. Et il se veut porteur d'un message engagé, comme Bilal.

Repéré par la mairie de Paris qui lui a proposé des murs pour afficher ses œuvres, JR a accepté, avant de participer en tant que photographe de plateau au tournage du film *Sheitan* signé Ladj Ly. Vincent Cassel est maintenant son pote, chacun de ses projets devient un show ultra-médiatisé. Bref, il représente tout ce que Zoo Project exècre. Le mariage du street art et du star-system. La perversion de l'art par l'argent. Un soir, Bilal, qui commence tout juste à se faire connaître dans les rues de son quartier, démarre son scooter et jure à la cantonade qu'il va se le faire. C'est-à-dire recouvrir de ses propres graffs les photos de son rival à paillettes. Sur ce coup, ses parents ont peur. Leur fils risque gros. Dégommer les photos d'un type célèbre ? Ça leur coûterait bien plus cher qu'une petite amende. Ils tentent de le retrouver une bonne partie de la nuit aux alentours de l'expo, sans succès. Le lendemain, Bilal réapparaît. Il n'a rien touché. « C'était vraiment trop surveillé », bougonne le rebelle.

En juin 2011, dans le cadre d'un festival de rue, la mairie du 20e arrondissement propose à l'artiste de lui attribuer quelques murs à décorer. Elle financera simplement son matériel. Bilal accepte, sa mère connaît bien la jeune fille chargée du projet, alors pourquoi pas, si ça lui fait plaisir ? Mais la semaine où se tient le festival, il pleut des cordes sur la ville. Les organisateurs lui offrent donc de réaliser ses fresques à l'abri d'une salle. Il commence à râler, il n'a pas envie d'être enfermé. Pour Martine, il se force. Jour un, il bougonne dans sa barbe qu'il n'a pas que ça à faire, que ça le saoule. Jour deux, il se plaint plus fort. Il y a trop de bruit, tout le monde lui pose des questions sur son travail. Et pourquoi on lui apporte des plateaux-repas comme s'il était infirme ? Et pourquoi on lui parle comme s'il avait envie de répondre ? Jour trois, il abandonne son matos sur place et disparaît de la circulation. Ciao ! La dame de la mairie sonne chez les Berreni, en larmes. C'est sa première mission pour la Ville et elle a perdu sa perle. Où est Bilal ? Est-ce qu'il va revenir ? Martine redoute bien que non, mais elle appelle tout de même les potes de son enfant, puisque lui-même ne répond pas. L'un d'eux se trouve être avec le fugitif à ce moment-là. Il masque le combiné de sa main et chuchote à Bilal : « C'est quoi cette histoire ? » « C'était trop compliqué, ils m'emmerdaient », soupire simplement l'autre.

En juillet 2011, durant tout un week-end, dans le sous-sol du théâtre de l'Écho, Bilal convoque ses parents, Marwan, ses amis le réalisateur Antoine Page et sa camarade de l'école Boulle Lilas Carpentier. Il a une nouvelle idée de génie en tête. Dessiner grandeur nature trente pendus qu'il va exposer devant le siège de France Télécom, place d'Alleray, dans le 15e arrondissement de Paris, pour dénoncer la vague de suicides qui frappe l'entreprise. Toute la petite bande bosse pendant deux jours sous la direction exigeante de Bilal. Ils découpent au cutter les silhouettes dans du carton épais, peignent les personnages sous ses ordres, recto et verso, nouent des bouts de ficelle, imaginent un plan pour mettre en place l'installation sans se faire prendre. Le lundi, tout est fin prêt et Bilal a disparu. Une autre idée, un autre plan, il a filé. « Il nous a laissés avec trente cadavres sur les bras ! » s'étrangle sa mère. En 2017, lorsque Mourad et Martine videront le théâtre de l'Écho pour en passer les clefs à un successeur, ils déposeront sur le trottoir les pendus de France Télécom. En cinq minutes, les œuvres seront emportées par des curieux.

Ainsi va Bilal Berreni. De plus en plus certain de son talent, il plante les gens, il pose des lapins. « Il fait galérer tout le monde », résume un ami. Sa famille, ses potes, les filles. Celles qu'il fait craquer comprennent vite qu'elles ne rivaliseront jamais avec son travail et, pire encore, avec son désir de liberté. Il faut qu'il puisse partir quand il veut, où il veut, sans que personne le retienne. Il veut tout voir, tout entendre, tout lire, tout sentir. Avoir mille vies et surtout n'avoir à rendre de comptes à personne. Il est épuisant. Il est pressé. Il veut s'en aller. Loin, mais où et pour quoi faire ?

L'année du bac, Marwan se retrouve comme beaucoup de monde à ce moment-là dans un salon d'orientation agité et sans âme. Sous la tôle du vaste parc des expositions de la porte de Versailles, perdu entre les stands, l'adolescent se demande ce qu'il va bien pouvoir faire de sa vie. Faute d'une véritable certitude mais plein d'assurance, il balance à Mourad et Martine qu'il ne veut pas être aussi « pauvre » qu'eux, qu'il faut donc qu'il trouve un métier qui rapporte vite et beaucoup. Il n'a jamais manqué de rien, il trouve ses parents formidables. Il s'agit d'une simple provocation à l'entrée de l'autoroute. Marwan se demande quel axe mène au soleil. Comme pour la grande majorité des Parisiens dont l'avenir est barré d'un gros point d'interrogation, il opte pour une école de commerce. Un IUT de la banlieue est.

À peine quelques mois après la rentrée, l'apprenti étudiant appelle son père, en pleurs. C'est un enfer, cet endroit ! Les types de sa promo sont horribles, froids, ils ne pensent qu'au fric. Ils sont au mieux cyniques, au pire totalement déshumanisés. Il veut tout arrêter, tant pis pour l'argent finalement. « Je veux être comédien », sanglote l'aîné. « T'es beau gosse et tu joues pas mal, fonce », répond Mourad du tac au tac, si fier que son fils, à qui il a fait découvrir la joie que peuvent procurer les planches dès 5 ans, décide de suivre ses traces.

Lors de ses premiers castings, Marwan choisit de déclamer des fables de La Fontaine. Encore plus que ses professeurs, c'est Mourad, immense admirateur du poète, qui les lui a apprises. Ils en ont même récité quelques-unes ensemble dans une pièce mise en scène par le père. Cela lui porte chance. Quasi instantanément, le fils remporte son premier rôle et démarre sur Disney Channel dans *Tranches de vie*, « une comédie familiale à sketchs », *dixit* le pitch. Il campe Karim, le copain de Martin dont on suit le quotidien.

Le jour des essais pour *Plus belle la vie*, une série en vogue diffusée depuis près de cinq ans sur France 3 à l'heure du dîner, Marwan arrive désespéré. Il vient de se séparer de sa petite copine du moment. Il faut croire que l'émotion le porte, le rôle d'Abdel est pour lui. Une semaine plus tard, il est à Marseille. Il a 20 ans et le style de son « quartier, limite cité » comme il appelle Saint-Blaise. Diamant doré dans son oreille percée, gourmette au bras, chaîne en or autour du cou, barbe naissante. Le 28 avril 2009, dans l'épisode 1207 de la série, il devient à l'écran Abdel Fedala, un petit-bourgeois de 16 ans éduqué jusque-là dans des « pensionnats pour riches ». Son personnage ne le sait pas encore, mais son père, Karim, qu'il pense être un homme d'affaires à succès, est en réalité un trafiquant de drogue qui vient d'être coffré par un flic, Jean-Paul Boher. Lequel flic accepte à la demande de Karim (le même père qu'il vient d'envoyer en prison, oui, oui) de recueillir l'ado chez lui car son internat est momentanément fermé pour travaux.

La série a démarré mollement en 2004 avant d'exploser pour atteindre lorsque Marwan débarque à l'antenne des audiences pouvant atteindre des pics à 7 millions de téléspectateurs certains soirs et 12 millions de personnes cumulées par semaine. Le débutant n'aurait jamais pensé se retrouver là. Avant de passer les essais, Marwan avait parfois jeté un coup d'œil au show sans être emballé. Fan de Leonardo DiCaprio à la filmographie déjà éclectique et vertigineuse, *Titanic*, *Gangs of New York*, *Arrête-moi si tu peux*, *Blood Diamonds*, il fantasme plutôt des rôles à Hollywood. À son âge, il n'est pas encore interdit de rêver. L'interprète d'Abdel n'est d'ailleurs dans « *PBLV* », comme disent les accros, que depuis quelques semaines lorsqu'il théorise déjà : « J'ai pas envie d'y rester des années non plus parce que, malheureusement, dans ce métier, on peut vite être enfermé dans un rôle. Et ça veut dire ne plus jamais en ressortir, et une fois que la série sera terminée, je serai toujours catégorisé comme Abdel, et moi, j'ai envie de faire du cinéma comme les trois quarts des comédiens de France[1]. »

---

[1] « Interview Abdel Fedala inédite ! », Vidéos *PBLV*, sur le site dailymotion.com, date de parution : 2009.

Oh, il n'a pas honte non plus, bien au contraire. La série progressiste devient un phénomène de société sur lequel se penchent le prestigieux *New York Times*, qui traduit *Plus belle la vie* par « *Life is so sweet* » et salue ce « *melting pot of melodrama*[1] », ou le magazine britannique *The Observer* qui développe : « Les unes des journaux en font un phénomène de société, les critiques y voient une réponse balzacienne contemporaine et les sociologues un moyen de lutter contre les préjugés, de briser les tabous et même de changer la face de la France grâce à sa veine populaire et à la noblesse de ses idéaux. S'agit-il d'une nouvelle théorie intellectuelle ? D'un traité de politique ? Ou encore d'un mouvement religieux ? Rien de tout cela, quoique le phénomène en question inspire à ses adeptes le même culte fervent. Il s'agit de psychologie du quotidien, de l'observation fouillée et sans concession de la réalité au travers du prisme

[1] Steven Erlanger, « Melting Pot of Melodrama Enthralls French Nightly », *The New York Times*, 2 mars 2009.

de la fiction et d'une caméra de télévision. Bref, il s'agit d'un soap-opéra[1]. »

De fait, *Plus belle la vie* va porter à l'antenne tout au long de son existence sur France Télévisions des problématiques sociétales jamais abordées si naturellement et frontalement dans un programme qui touche tout le monde. C'est ainsi la première fois que deux hommes, le serveur Thomas Marci et le médecin Gabriel Riva, s'embrassent à une heure de grande audience sur le service public. Le couple se marie huit ans plus tard, juste après l'adoption par le Parlement français de la loi autorisant le mariage pour tous sous l'impulsion du président de l'époque, François Hollande. D'autres thèmes que l'homosexualité seront abordés en avant-première : le VIH, l'euthanasie, les discriminations en tous genres, la gestation pour autrui, la transsexualité…

---

[1] Lizzy Davies, « La splendeur balzacienne de *Plus belle la vie* », *The Observer* (traduit par *Courrier international*), 3 décembre 2008.

Un engagement qui finit par intéresser les politiques. En 2019, alors que le mouvement des Gilets jaunes s'étend en France et que le chef de l'État Emmanuel Macron se sent menacé par cette colère qui vient des entrailles du pays et qu'il n'a pas vue arriver, le Service d'information du gouvernement (SIG) contacte la production de *Plus belle la vie*. Un rendez-vous est organisé entre les têtes pensantes du show et la direction de cette administration placée sous l'autorité de Matignon et chargée de faire la com du pouvoir. La requête laisse sans voix les producteurs : « Vous pourriez faire passer le message qu'on agit ? Intégrer quelques scènes pour rappeler toutes les mesures qu'on a mises en place ? » « Ils nous parlaient des gens qui regardent *Plus belle la vie* comme s'ils n'avaient pas la moindre idée de ce qu'ils attendaient de leurs dirigeants, n'en revient pas l'un de ceux présents autour de la table. J'avais envie de leur dire : "Allez sur le terrain leur parler vous-même, la France n'est pas un zoo et les Français des animaux qu'on observe de loin." »

Dans les studios de la Belle-de-Mai qui reproduisent le fictionnel quartier du Mistral inspiré du réel quartier du Panier, Marwan est égal à lui-même. En dehors des prises, sous les lumières artificielles de ce décor coloré en carton-pâte, le jeune acteur danse à la moindre occasion, partage des fous rires sonores pour tout et n'importe quoi avec ses camarades, les comédiens, les maquilleurs, les réalisateurs, les scénaristes, les caméramans. Il habille l'espace de sa présence. Fédérateur et chaleureux, joyeux et généreux, charmeur et moqueur, intense et curieux. Pendant les périodes de tournage, Marwan s'installe d'abord en colocation avec la comédienne Dounia Coesens, qui interprète Johanna Marci dans la série. Ils se sont tout de suite entendus. Plus que cela : reconnus. Un coup de foudre amical entre « deux gamins, deux sales gosses », définit-elle. Ils ont à peine trois mois d'écart, partagent la même énergie et le sens de la fête, des discussions jusqu'au bout de la nuit à propos de leurs rêves d'acteur, leur famille, leurs questionnements existentiels, leur envie de bouffer le monde. David Baiot, qui joue Djawad Sangha, complète le trio. Entre eux, ils s'appellent « les Trois Mousquetaires », sans doute que Marwan est toujours d'Artagnan, parfois les 2Be3, boys band culte des années 1990 célèbre pour son tube « Partir un jour ». Les trois sont entiers. Quand l'un s'engueule avec un autre, il se tourne vers le troisième et vice versa. Mais la plupart du temps ils se comprennent et parcourent ensemble la vie au rythme des soubresauts de l'époque. Comme ce soir du 13 novembre 2015 lorsqu'ils traversent ensemble Paris martyrisée par les attentats, du Zénith où ils assistaient à un concert électro jusqu'à l'appartement de Marwan, où ils passeront la nuit à observer, hébétés, sur un écran de télévision l'assaut du Bataclan et les images des terrasses ensanglantées.

D'autres liens solides se créent. Stéphane Hénon, qui joue le flic Jean-Paul Boher, il le considère comme son « parrain » dans la série. Jérôme Bertin, interprète du commissaire Patrick Nebout, une vingtaine d'années de plus que lui, il l'appelle

« Tonton ». Celui-ci dit de Marwan : « C'est un type flamboyant qui emporte tout le monde avec lui. » Laurent Kerusoré, qui joue Thomas Marci, visage s'il en est de *Plus belle la vie*, est moins dans l'esprit de bande que les autres. Parfois agité de tourments, il devient comme un « grand frère » pour le jeune Berreni qui lui confiera plus tard ses douleurs lors de ce qu'ils appelleront entre eux un « jour sans soleil ». Pour compléter le tableau, Marwan tombe amoureux de Coline d'Inca, Sybille Cassagne dans le show. Il s'installe avec elle, au caractère affirmé et lucide, faux airs de Frida Kahlo qu'elle adule, dans un appartement du cours Julien, en plein centre-ville de Marseille. Ils adoptent une chienne, Gina. Après leur séparation, Marwan vivra d'autres histoires, qu'il rendra lui-même publiques sur ses réseaux sociaux, documentant son quotidien avec deux autres comédiennes de la série, Myra Tyliann, interprète d'Alison Valle, puis Marylou Salvatori, dans le rôle d'Élisa. Mais jamais Coline, restée très proche de ses parents, ne va quitter sa vie.

Marwan rejoint aussi dans l'aventure Léa François. Ils sont nés à sept mois d'intervalle et se connaissent depuis qu'ils ont été dans la même classe au cours Florent. Les deux comédiens en herbe se sont suivis ensuite sur Disney Channel, y ont évolué dans la même bande de jeunes aspirants à la célébrité, se sont déhanchés ensemble au concert de Miley Cyrus interprétant Hannah Montana. La jeune femme joue Barbara Évenot depuis quelques mois lorsque Marwan démarre. Sa camarade devient sa petite copine à l'écran. Ils finiront par former un couple culte pour les fans, sorte de Rachel et Ross version France Télé – comme les plus célèbres New-Yorkais du monde, ils sont restés ensemble moins longtemps que séparés, et pourtant –, de ruptures en retrouvailles, de petits bonheurs en grands drames, du lycée à la parentalité. Elle devient comme une évidence son amie dans la vie, avec elle il part en vacances en Sardaigne, au Canada, à Amsterdam. Entre eux, ils s'appellent les « Bisounours » parce qu'ils se voient comme deux bonnes pâtes qui acceptent avec grâce toutes les sollicitations, un jour pour les orphelins des pompiers, un autre pour *Tout le monde chante contre le cancer*. Marwan est aussi un actif parrain de l'association ELA qui se bat pour les enfants atteints de leucodystrophie.

Un jour de 2013, Irène Muscari, coordinatrice culturelle au sein de la prison de Meaux-Chauconin (Seine-et-Marne) où elle organise pour les détenus des visites de musées autant qu'elle monte des pièces de théâtre, sollicite Léa François avec qui elle a des connaissances en commun. Elle souhaite monter un atelier autour de *Plus belle la vie*. Léa embarque Marwan et Coline dans le projet. Tous les trois débarquent un matin au centre pénitentiaire. Ils savent que les détenus ont été sélectionnés sur le volet après avoir écrit une lettre de motivation et qu'ils ont préparé scrupuleusement leurs questions. Les trois comédiens sont eux-mêmes chargés d'un petit film qui montre l'envers du décor de la série. Mais ce qu'ils n'avaient pas du tout prévu, c'est qu'en entrant dans la pièce un groupe de prisonniers se lèverait en scandant : « Saint-Blaise ! Saint-Blaise ! Saint-Blaise ! » Marwan écarquille les yeux. Face à lui, que des gars de son quartier, des anciens du collège, et même son copain Sofiane, que Mourad et Martine trouvaient si mignon quand il était petit tout en s'inquiétant que sa mère n'arrive pas à le canaliser. Les prisonniers lui offrent une *standing ovation*. Ils sont vraiment fiers de lui, si célèbre alors qu'il vient de chez eux !

Au fil des années, Marwan est bel et bien devenu l'un des éléments centraux de *Plus belle la vie*. Il est arrêté dans la rue par des fans qui l'appellent Abdel, le compteur de ses demandes d'amis Facebook explose. Les unes de magazines s'enchaînent, plutôt *Télé-Loisirs*, *Télé Star* ou *Télé Poche* que *Télérama* ou *Les Cahiers du cinéma*, et alors finalement ? se dit-il. Les comédiens sont des stars populaires, la série une machine à cash, avec boutique de souvenirs, produits dérivés et livres imprimés à leur gloire. Des pontes de l'industrie télé n'en reviennent pas de se faire doubler par Marwan, Dounia, Laurent, Léa, David, Stéphane, etc., dans la file de certaines soirées ultra-huppées du Festival de Cannes. « Le videur les fait passer devant tout le cinéma français », s'étouffe un producteur qui fut une fois sommé d'attendre vulgairement son tour. Lors du Festival Canneseries, c'est encore plus flagrant. Des réalisations intellos-chics rassemblent cent curieux au mieux quand deux mille fans en délire viennent applaudir le casting du show made in France Télé. « Tu vas voir, c'est les Beatles », promettent ceux qui savent déjà à ceux qui découvrent, stupéfaits, le phénomène. Aux fans, à ses anciens instits, aux voisins du quartier, Marwan prête son large sourire pour des selfies. Il prend le temps de discuter, se souvient de ceux qui reviennent, et certains (certaines surtout) reviennent très souvent l'aborder à la sortie des studios ou dans les festivals. Elles se massent derrière les barrières de sécurité dans l'espoir d'un petit mot ou, encore mieux, d'une photo. Marwan accepte quasiment toujours. C'est un gentil, c'est rare. Alors tout le monde l'aime, forcément. Les aficionados ont l'impression de le connaître. Pour les hommes, il devient leur frère imaginaire, un cousin, un vieux pote. Pour les femmes, il est leur amoureux, tout du moins dans leurs rêves.

La notoriété ne monte pas à la tête de Marwan, pas de melon, pas de frime. Mais c'est usant, parfois, d'être reconnu tout le temps et partout. Forcément, il lui arrive d'avoir envie d'être tranquille. Ce n'est pas une vie de devoir sourire à n'importe qui, de devoir prêter son visage à tous les flashs à n'importe quelle heure du jour et de la nuit. Alors, avec certains comédiens amis, ils repèrent quelques bars et restos discrets, à Marseille ou à Paris. Ils font gaffe à la table qu'ils choisissent pour être un peu au calme. Celle du fond, la chaise derrière le poteau, la banquette dans un angle mort, c'est bien. Ils se mettent dans la poche des patrons d'établissements qui les protègent des regards indiscrets.

Au bout de sept ans, l'âge de raison, paraît-il, la production décide de faire évoluer radicalement son personnage. Elle veut « bâtir un destin » à Abdel, inscrire son histoire dans le temps long. La vérité, c'est que les premiers signes de déclin se font sentir. C'est encore invisible à l'œil nu, à vrai dire à peine perceptible à la loupe, mais voilà : l'audience s'essouffle certains soirs et des stars commencent à quitter le show, comme la comédienne Laëtitia Milot, devenue une idole populaire à la faveur de son rôle de Mélanie, serveuse gentillette et bien naïve du bar du Mistral. « C'était dur pour nous de voir que les acteurs commençaient à vouloir partir parce que c'était pour de mauvaises raisons. Ils étaient malheureux de ressentir le mépris de la profession pour leur travail, qui de mon point de vue était beaucoup plus intéressant que toutes les merdes qu'ils ont pu faire après. Mais c'était comme ça, même les mieux lotis en termes d'intrigues pensaient qu'il y avait une hiérarchie : tout en bas, le plus nul, c'était ce qu'on faisait, le soap-opéra. Au-dessus, les téléfilms et encore au-dessus le cinéma », raconte un scénariste de *Plus belle la vie*.

Pour les retenir, et pour continuer de captiver les téléspectateurs, la production décide donc de miser sur quelques « historiques » et somme les vingt-cinq auteurs qui planchent quotidiennement dans des bureaux rue de la Chaussée-d'Antin, à Paris, de réfléchir à la vie du personnage interprété par Marwan. Jusqu'à présent, Abdel a bûché comme un forcené pour passer le barreau, qu'il a obtenu, mais il a surtout vivoté dans des aventures presque lambda… à l'échelle d'une sitcom. Car il a tout de même déjà vécu la trahison de sa mère, engagée dans une histoire d'amour avec son oncle, une intrigue fortement inspirée de *Hamlet*, admet un cerveau du show qui se marre : « Mais personne ne l'a remarqué ! »

Il est temps de franchir un nouveau cap. Ne plus subir uniquement, mais agir. Le scénario du *Parrain* en tête cette fois, les auteurs décident que le jeune avocat va s'inscrire dans la lignée de son père. À défaut d'être un vrai Corleone, le jeune

Fedala se met tout de même à jouer avec le feu, à flirter avec la ligne rouge et puis à la franchir allégrement. Soudain, pêle-mêle et dans le désordre, il commet un ou deux meurtres, devient le nouveau chef de la pègre marseillaise, connaît des phases de dépression, l'alcool et la drogue vont avec, se lance dans le blanchiment d'argent, dans le trafic d'organes, magouille avec des pompes funèbres. Il se fait enlever aussi, et sa vie sentimentale, malgré le fil rouge Barbara, atteint parfois des degrés de complexité digne d'un casse-tête chinois. Mais il reste toujours aimé des téléspectateurs, des gamins de 10 ans chez qui la télévision familiale est branchée sur France 3 à l'heure du repas, des ados groupies qui le trouvent « trop beau » et rêvent de se marier un jour avec lui, des mères de famille qui jugent secrètement leur gendre bien lisse et ennuyeux, et même, donc, des repris de justice qui respectent son art du double jeu.

Sur le plateau, dans les studios, Marwan se révèle être l'un des comédiens les plus exigeants.

Malgré la vie de bande, malgré la fête, malgré les soirées qui se terminent au petit matin, il n'est jamais en retard, il n'arrive presque jamais sans connaître son texte par cœur. Ce n'est pas le cas de tout le monde. « Il est très rigoureux, très pro », dit Myra Tyliann, sa compagne et collègue un temps. Ça rassure les scénaristes. Ils se disent qu'il a l'étoffe pour tout jouer. Le voyou, l'amoureux, le caïd, le sauveur, le comique et le drame. Même si certains s'étonnent des fêlures qu'il laisse parfois apparaître au détour d'une scène. C'est fugace, un nuage sombre qui filtre quelques secondes entre les interstices de la façade d'une maison estivale, qui dit la possibilité d'une soirée orageuse. De son acharnement aussi à vouloir jouer et rejouer une scène, trouver le bon mot, faire réécrire un dialogue qu'il n'estime pas crédible.

Pour tourner ce format façon *telenovelas*, il ne faut pas passer plus de vingt minutes sur une scène, un jour et demi par épisode. Lorsque Marwan est l'un des protagonistes de ce que l'écosystème *PBLV* appelle « l'Arche A », ce qui peut lui arriver jusqu'à cent vingt jours par an, il tourne près de quinze séquences quotidiennes, une performance physique intense. Il faut alors être sur le plateau, dans la peau d'un autre, de 7 heures du matin à 19 heures, en ayant appris par cœur une trentaine de pages de dialogues. Or le temps, c'est de l'argent. Pour le perfectionnisme, ce serait bien de repasser. « Si on doit prendre un quart d'heure de plus, ils paieront, c'est pas grave », s'énerve de temps en temps Marwan, enfant d'un théâtre de quartier où les finances ne dirigeaient rien du tout, lorsqu'on lui oppose cet argument. Ses collègues, parfois éberlués de son audace, le voit comme un esthète et comme un leader. Un jour, le plateau ressemble à un grand cirque : la réalisatrice de l'épisode est novice et ne parvient pas à asseoir son autorité. Brouhaha, petite cohue, certains se prennent les pieds dans les câbles. Soudain Marwan hurle un « Stop » sonore au-dessus du chaos et ordonne : « On va la tourner maintenant cette scène, et en une seule prise. » Tout le monde s'exécute. Les autres comédiens sont aussi fascinés par sa capacité à expliquer pourquoi telle ou telle séquence ne peut pas se tourner dans les conditions initialement prévues, parce que « l'ambiance ne s'y prête pas », parce que « ça ne fonctionne pas », parce que « c'est comme ça, ça ne marche pas, voilà ». Marwan argumente, il cherche à convaincre qu'il faut trouver un autre chemin. Parfois, ça se transforme en impressionnants coups de gueule. Il se fait recadrer par les boss, bien sûr, mais en général chacun finit par convenir qu'il avait raison. « Ce sont presque toujours des objections intelligentes », juge un pilier de la série.

Les premières années de *Plus belle la vie*, Bilal passe son temps sur les toits de Paris et regarde de loin, ébahi, son frère exploser à la télévision. « Il devient une starlette, ton frangin ! » le chambrent ses potes. Si Marwan est content, Bilal aussi. Très bien, son frère a choisi de vivre les deux pieds dans le showbiz. D'accord, il encaisse un salaire plus que confortable, plus que le sien en tout cas, qui est de zéro mais c'est un choix. Cette vie de paillettes est à des années-lumière de ses rêves à lui, et après tout pourquoi pas. Mais enfin, jouer dans un film, par exemple, ce serait mieux, non ? Chercher à brûler les planches de la Comédie-Française, ce serait la classe, pas vrai ? Martine promet : « Bilal est vraiment fier que son frère réussisse. Il trouve que ce qu'il fait, il le fait très bien. » Peut-être. Mais ça n'empêche pas le street artist de savoir se montrer très dur, allant jusqu'à trancher parfois que ce soap-opéra, « c'est de la merde ».

Marwan encaisse. De toute façon, il sait que cette opinion est largement répandue au sein de la gauche intellectuelle pour laquelle il a du respect. Ils sont bien peu nombreux, comme la chanteuse Françoise Hardy, à admettre leur addiction aux innombrables rebondissements de la série. Mais malgré les millions de téléspectateurs, les courriers enflammés, les demandes d'interviews, ce mépris touche Marwan. Alors il se met à plaider pour le caractère indispensable de *PBLV*, à le clamer de plus en plus fort comme un plaidoyer indirect en direction, avant tout, de son procureur de frère adoré. « C'est une grande série populaire, la plus grande des séries », martèle l'acteur. Et encore : « C'est une série qui a changé la vie de beaucoup de personnes, qui a tellement de choses à raconter, qui change de ce qu'on a l'habitude de voir. » Il note aussi que « toutes les tranches de la population regardent » ce show qui « défend de belles valeurs », qu'il y vit « une expérience humaine et professionnelle complètement dingue ». Parfois, il ajoute avec emphase : « Je sais pourquoi elle a marqué l'histoire et pourquoi elle continuera de la marquer. »

Ils ont 20 ans et quelques. Bilal rêve de s'envoler loin de Paris. Il est de plus en plus intransigeant avec les pas assez rêveurs, les pas assez ambitieux, les pas assez curieux, les trop dans le cadre. Il commence à râler contre la gentrification de son quartier, sans réaliser peut-être que ses propres parents ont quelque chose des « bobos » qu'il dénonce, même s'il vise surtout ces couples aisés de trentenaires qui viennent dans ses rues à lui acheter des apparts hors de prix. Ils vont voler l'âme du 20e, maugrée-t-il. Cette bascule qu'il ressent avec acuité le fait enrager. Tellement qu'il compose un dossier sur la « boboïsation de Paris » : cent pages de notes, de documents, de chiffres, de statistiques, de remarques, un mémoire qui finira abandonné au fond d'un placard.

Dans le même temps, Marwan s'achète un petit studio dans le quartier Gambetta, pas très loin de chez Mourad et Martine.

Bilal

Ce 14 janvier 2011, il est 11 heures du matin et la vaste avenue Bourguiba, vibrionnante artère principale de Tunis, est agitée par une énième manifestation. Des jeunes, beaucoup de femmes, qui scandent depuis des jours et des jours : « Nous n'avons plus peur ! » Ameni Ghimagi, étudiante de 19 ans, grimpe sur les épaules d'un copain et brandit devant le ministère de l'Intérieur une feuille blanche froissée au milieu des drapeaux tunisiens. Elle y a écrit au feutre bleu : « Ben Ali Dégage ! » Dans la nuit qui suit, le dictateur Zine el-Abidine Ben Ali est contraint de fuir en Falcon vers l'Arabie Saoudite.

En France, le lendemain, la photo de la Marianne tunisienne fait la une du journal *Libération*. Elle s'affiche sous le titre « Liberté ». Mourad et Martine sont abonnés au quotidien qui atterrit dans leur boîte aux lettres rue Saint-Blaise puis aussitôt dans les mains de Bilal. Le fils suit depuis le départ ce mouvement de révolte, fasciné et passionné par le courage des manifestants qui ont fait craquer le pouvoir en vingt-huit jours d'un soulèvement irrépressible. « Attention peuples inflammables », a repris presque aussitôt la rue dans les pays arabes alentour, en Égypte, en Libye, en Syrie. Un « printemps des rêves », veut croire la jeunesse qui s'apprête à changer dans l'espoir et dans la violence le visage du Maghreb et du Proche-Orient.

Bilal décide d'aller voir ça de ses propres yeux. Au début du mois de mars de cette folle année, il met quelques vêtements dans son sac à dos, 600 euros dans sa poche, et annonce à sa famille et à ses amis qu'il part en Tunisie. « Je veux voir la révolution », balance-t-il comme unique motivation à l'heure de s'envoler. La situation est très chaotique lorsque Bilal débarque dans la capitale tunisienne. Il n'a pas la moindre idée de ce qu'il vient concrètement faire ici, au-delà d'assouvir un fantasme, voir en vrai l'insurrection d'un peuple, au-delà de son instinct qui le pousse à penser qu'il pourrait apporter sa « contribution aux insurgés ». Il sait en revanche que tout a commencé dans le centre du pays, à Sidi Bouzid, en décembre, après l'immolation de Mohamed Bouazizi, un marchand de fruits et légumes qui voulait protester contre la énième saisie de sa charrette. Un harcèlement policier qui l'empêchait de vivre. Bilal perçoit donc qu'il s'agit d'oppresseurs et d'opprimés, d'une mutinerie plus que légitime, vitale.

À Tunis, il prend une chambre dans l'hôtel le moins cher possible et s'acclimate à sa façon. Les premiers jours, il est un peu perdu, alors il va marcher dans les rues un carnet à la main. Dessiner ce qu'il voit. Parler à qui veut bien. Jusqu'à ce qu'un type qui a repéré son manège lui demande de croquer son frère, Mohammed Hanchi, tué le 25 février précédent, à 19 ans, de deux balles pendant les émeutes par un sniper. Le jeune homme n'était pas un manifestant, il sortait simplement fêter la victoire de son équipe de foot.

Bilal comprend alors que la révolution n'est pas qu'un rêve, que ce n'est pas gai comme affaire, que ce n'est pas qu'une merveilleuse idée. La révolution provoque des dégâts, elle détruit des familles, elle engendre des martyrs. Elle est poussiéreuse et violente, sa bande originale se compose du bruit des balles et du cri des innocents. L'utopie de l'artiste se transforme dans son esprit en « sale guerre ». Il réfléchit des jours et des jours à la manière de rendre hommage au jeune Tunisien et finit par le peindre grandeur nature sur un carton. Il dépose de nuit son Mohammed Hanchi dans la rue où il a été tué. Au petit matin, un attroupement se crée devant l'œuvre.

En quelques heures, tout le quartier défile avec la photo d'un proche tué par la répression. Pas « des têtes brûlées », note Bilal, simplement « des gens ordinaires », « des victimes innocentes ». Il les esquisse à taille humaine, une cinquantaine de martyrs, principalement sur des cartons mais aussi sur des murs ou sur des draps qu'il expose entre autres sur l'avenue Bourguiba. Les voilà tous debout, les sacrifiés. Les uns à côté des autres, mains dans les poches ou bras croisés, capuche ou casquette sur la tête. Il les fait renaître, il est fier de cela, il dit que « ces portraits leur redonnent une voix ». Il y a là Aamer Fatteh, Moez Ben Slah, Ayoub Hamdi, Faiçel Chetioui, Mersbah Jwehri, Rabii Boujlid et tant d'autres. Ils étaient menuisiers, professeurs, vendeurs ambulants, chômeurs, et venaient de Tunis, de Kasserine, de Sidi Bouzid ou de Gafsa, raconte Bilal dans un article signé Émilien Bernard, intitulé « Tunis, les fantômes de la Kasbah », publié le 5 avril 2011, sur le site Internet Article 11, alors que Bilal est encore sur place. « Ils sont tombés sous les balles et les matraques de la police entre le 17 décembre 2010 et aujourd'hui », précise le reporter. Bilal lui explique qu'il veut faire de ces martyrs « des figures du présent » et non pas « des images mortes, des fantômes célébrés *post mortem* » : « Si je les peins, si je me permets de les représenter, de les exposer dans des manifestations, c'est parce que je suis convaincu que leur disparition des mémoires marquerait la fin de l'espoir. De même que les Tunisiens se battent pour que leurs meurtriers – les snipers, les donneurs d'ordres, les matraqueurs – soient jugés et sanctionnés rapidement (revendication restée lettre morte pour l'instant), je cherche, à ma mesure, à rappeler la portée de la disparition de ces gens ordinaires. Ils font partie de l'avenir, de cette Tunisie qui se dessine, s'esquisse sous nos yeux. C'est cette esquisse que je tente de représenter. »

Là aussi, il se fait remarquer et reçoit le soutien du Conseil national pour la protection de la révolution. Pire à ses yeux, le syndicat patronal Utica lui propose 30 000 euros pour poursuivre son travail. De l'argent ? Quelle horreur. Bilal a le sentiment confus qu'il commence à être instrumentalisé, que son travail lui échappe, que pour quelques dizaines de milliers d'euros certains vont s'offrir une bonne conscience sur son dos. C'est le moment de partir. Un gars croisé dans la rue lui a parlé de Choucha, un camp de réfugiés qui se constitue depuis le mois de février entre les villes de Ras Jedir et Ben Gardane, toutes proches de la frontière avec la Libye. En plein dans le désert. Il l'atteint en quelques jours.

Bilal ne voit rien de ce qui entrave les êtres, ni les contingences ni les obstacles. La peur qui bride parfois mais qui protège souvent ne fait pas partie de sa panoplie de vie. Il fonce, il voyage léger, les poings dans ses poches crevées, Petit Poucet rêveur égrenant dans sa course des œuvres.

Dans le désert libyen, le téméraire découvre une armada de tentes flottant sur une mer de sable. Vingt mille réfugiés sont là en transit. Bilal se fait vite quelques copains, l'un d'eux lui trouve un bout de toile pour s'abriter de la chaleur. Personne d'autre que les migrants ne dort dans le camp, pas même les humanitaires. Lui, si. Il commence à dessiner ses nouveaux camarades, toujours en taille réelle, sur des grands morceaux de tissu. « Cinq cents personnes sont venues voir. Ils savaient que je ne pouvais rien pour eux, que je n'avais aucun pouvoir, que je ne ferais rien avec ces dessins. C'était gratuit[1] », rapportera Bilal. Il décide d'accrocher ses œuvres à des bâtons plantés dans le sable. Les réfugiés volent au vent dans la poussière jaune. Évidemment, il ne s'encombre pas d'un téléphone portable. Alors il donne peu de nouvelles à Paris. De temps en temps tout de même, quand il trouve un moyen de se brancher au reste du monde, il envoie un mail à ses parents, à Marwan, à quelques potes. Mais il ne prévient pas de son retour.

Un bel après-midi du mois de juin, Martine et Marwan prennent le soleil sur le balcon de leur appartement. La mère et le fils dissertent des choses de la vie en observant les passants du coin de l'œil. Soudain, ils marquent un silence. Marwan se lève d'un bond et se penche par-dessus la rambarde grise, bloque son regard sur un type au loin,

---

[1] Laurent Carpentier, « Sur la mer d'Aral, l'arche fantôme de Zoo Project », *Le Monde*, 1er août 2017.

tout de blanc vêtu. Tout propre surtout, pas de jets de peinture sur le pantalon, sur le visage ou sur les mains, ça, ça le trouble, et uniquement muni d'un sac à dos, ça, c'est plus classique. Car oui, voilà Bilal qui rentre chez lui en sifflotant après trois mois d'aventures comme il rentrerait d'un après-midi au musée. Le revenant embrasse sa mère, son frère. Ah ça oui, il est heureux de les retrouver, c'est un contentement qui vient du ventre. Et eux donc ! Malgré tout, Bilal s'offusque : « Mais vous n'avez pas bougé d'ici ? Vous allez vous encroûter là, il faut sortir ! » Lui en tout cas n'a pas l'intention de s'enferrer rue Saint-Blaise. Deux jours plus tard et après avoir parcouru trois expos aux quatre coins de Paris, il ne tient plus en place.

Il veut à nouveau quitter son quartier dans lequel « soit on grandit trop vite, soit on reste des mômes », comme il l'a peint une fois sur un mur au pied de l'un de ses hommes à tête de pigeon. Il veut à nouveau quitter Paris. Cette fois pour vivre en ermite dans l'hiver polaire. Après tout, l'une de ses idoles, l'écrivain Nicolas Bouvier, s'est bien lancée à l'assaut de la Laponie à l'âge de 17 ans, marchant dans la toundra, dormant « sur la mousse dans une grosse veste de feutre », racontait ce jeune voyageur qui s'extasiait : « Je n'avais jamais imaginé qu'on puisse être aussi heureux. J'ai compris alors que "l'état nomade" avait quelque chose à m'apprendre. C'est cet été boréal qui a fait de moi un voyageur et m'a ouvert ensuite les autres axes de la boussole[1]. »

Alors pourquoi pas lui ? Bilal est un grand lecteur. Lorsqu'il découvre ces mots de Bouvier : « À huit ans, je traçais avec l'ongle de mon pouce le cours du Yukon dans le beurre de ma tartine. Déjà l'attente du monde : grandir et déguerpir[2] », il se sent moins seul sur la Terre, il se sent moins fou à lier. Lui aussi en rêvait sans doute déjà lors des petits déjeuners animés de la rue Saint-Blaise. Alors lui aussi veut maintenant grandir et déguerpir.

---

[1] Nicolas Bouvier, *Dans la vapeur blanche du soleil*, Genève, Éditions Zoé, 1999.

[2] Nicolas Bouvier, *Le Hibou et la Baleine*, Genève, Éditions Zoé, 1993.

Bilal le sait, Nicolas Bouvier avait effectué son voyage en Finlande en 1948 grâce à *La Tribune de Genève* à qui il fournissait des articles. Il se dit que cela peut être un bon moyen pour lui aussi, après tout, de financer l'essentiel, moyens de transport, nourriture, alcool et cigarettes. Laurent Carpentier, père de son amie Lilas, est journaliste au *Monde*. Bourré d'assurance, le jeune Berreni lui soumet son idée. Et s'il tenait un blog hébergé par le prestigieux quotidien du soir, dans lequel il chroniquerait ses pérégrinations ? Depuis l'aventure tunisienne, Bilal a acquis une petite renommée, son talent est assez évident. La suggestion plaît à la direction du journal. C'est un oui. Mais finalement, l'apprenti nomade renonce. Avec lui, il n'y a souvent qu'un pas de l'audace à la désinvolture. Or là, il le sait, ce contrat lui imposerait trop d'obligations. Rendre des comptes, envoyer des textes, avoir des délais ! et même avant cela régler quelques broutilles administratives. Il décide finalement de se contenter de ses carnets, il en fera un roman graphique, il gérera l'affaire tout seul, enfin, il verra plus tard, quoi.

Le 10 novembre 2011, Bilal achète un aller simple pour la Suède, direction Luleå, ville blanche de neige rehaussée par de jolies habitations colorées. Son but, c'est de rejoindre Abisko, à cinq cents kilomètres de là et deux cent cinquante kilomètres au nord du cercle polaire : le meilleur endroit du pays pour observer les aurores boréales. Pour y parvenir, une seule ligne de train d'une seule voie. La destination présente aux yeux de Bilal plusieurs avantages.

Elle est simple d'accès, selon ses propres standards en tout cas, peu chère, et, surtout, il note dans l'un de ses carnets que « c'est le lieu le plus froid et sauvage de l'Europe ». Très fier, Bilal rêve de « la vie sauvage, l'indépendance, l'autonomie », c'est lui qui l'écrit, et puis : « J'allais devenir un chasseur, un cueilleur, un pêcheur. » Mais ses proches, qui se remettent à peine de l'aventure en Tunisie et en Libye, suffoquent. Il ne leur laissera donc aucun cycle de sommeil serein ? Voyant leur inquiétude, l'intrépide remarque : « Je commençais à comprendre que je n'étais pas du tout dans la réalité. Je n'avais pas vu ça, comme très souvent, sous un point de vue pratique, vivable et réalisable. » Pas question de reculer pour autant, c'est une affaire d'orgueil autant que d'envie.

Le départ est prévu pour le 18 novembre 2011. Dans son sac, quelques vêtements, son appareil photo, des carnets, son iPod comme un organe vital, dans lequel est enregistrée la bande-son de sa future aventure. Du rap et du blues. Bessie Smith, Charley Patton, Cypress Hill, Dr. Dre, Eminem, Talib Kweli, Nas, Ray Charles, Big Joe Turner, etc. Et son chargeur, des pinceaux, des bouquins. Il peut faire jusqu'à moins trente degrés et nuit vingt heures par jour ? Le bled est paumé ? Bilal n'aime pas le froid, ne fait pas de sport, n'aime pas marcher, n'a aucun sens de l'orientation ? Tant pis, il y va. « Mais bon Dieu, qu'est-ce que je fous ici », soupire-t-il tout de même, totalement congelé, en arrivant à Abisko. Il dort quelques jours à la gare, soit une pièce carrée comme un Rubik's Cube, une simple fenêtre, deux bancs qui se font face et, merveille des merveilles, un radiateur. De ce point de départ, Bilal rejoint à pied un petit supermarché dans le centre d'Abisko, îlot central et lumineux du bout du monde. Puis il s'élance dans une traversée vers il ne sait pas où.

Il marche sans boussole dans la glace, longtemps, une balade comme une divagation ou une plongée vers le centre de ses rêveries. Voilà, ça y est, il est un aventurier. La première voiture qui passe le prend en auto-stop et roule, roule, roule. Il ne comprend rien à la langue du conducteur, qui n'a pas l'air commode du tout et trace à travers le paysage de glace. Il y a de moins en moins de végétation, de plus en plus de blanc. Il lui semble « filer droit vers le néant ». Son chauffeur de fortune finit par le larguer sans un mot dans la neige, il devient une fourmi dans le « royaume du vide ».

« Des bourrasques de vent, le ciel couleur blanc. Tous les repères avaient disparu, il n'y avait plus d'échelle, plus de valeur. Cette étendue était aussi vivante que morte. Et si je devenais comme cette terre, plus rien, ni grand, ni petit, ni vivant, ni mort. C'était bizarrement agréable comme sensation, comme un shoot, une hallucination, une montée… J'étais ivre d'un dépaysement quasi cosmique », griffonne Bilal.

L'histoire ne dit pas comment il trouve sa cabane. Mais il la trouve. Quatre murs en planches de bois montés sur un sol en béton, comme un repère marron sur une feuille blanche. Elle est plutôt solide, bien fichue et même meublée. Une table, un lit superposé, un poêle qui fonctionne parfaitement. C'est dans son esprit la cabane de Grey Owl, garde forestier qui a établi en 1935 une petite colonie de castors dans le parc canadien de Saskatchewan, dont il a tiré les *Récits de la cabane abandonnée*. Peut-être aussi la cabane de Robinson Crusoé ou l'une des cabanes de son adolescence. Ils en ont construit beaucoup, avec Marwan, dans les bois autour de la maison de l'Yonne.

Bilal a pour habitude d'établir des listes de tout. Des poèmes, des chansons, des films, ce qu'il lit et veut lire, ce qu'il a vu et veut voir, ce qu'il veut surtout apprendre. En arrivant au milieu du néant, il dresse la liste des raisons qui l'ont fait atterrir là.

RAISONS VIE CABANE, RETOUR NATURE

Pour pouvoir lire un livre sans interruption
Pour savoir si j'ai une vie intérieure ou pas
Pour être vraiment seul
Pour savoir faire quelque chose de mes mains
Pour prendre mon temps
Parce que si je le fais pas maintenant, je trouverais toujours des excuses
Pour essayer une vie simple
Parce que le quotidien m'ennuie
Pour faire une bataille de boules de neige tout seul
Pour tenter d'être libre
Pour regarder le soleil avancer
Pour regarder le temps passer
Pour avoir le temps de compter les flocons
Pour devenir un peu fou
Parce que je n'ai jamais vécu dans la nature
Parce que je crois trop ce que je lis
Pour me remettre à réfléchir
Parce que je n'ai pas envie de devenir un adulte
Parce que j'ai un grain dans la tête qui veut germer
Parce que j'aimerais être un oiseau
Pour sortir avec la lune
Pour que mes seuls voisins soient des rennes
Pour que mon sang chaud prenne froid

Pour changer de vis-à-vis
Pour me taire
Pour être heureux de regarder par la fenêtre
Pour ne plus avoir à donner mon avis
Pour essayer d'être heureux avec rien
Pour devenir un ermite, un sauvage
Parce que j'ai la flemme de devenir un adulte

Les premiers jours, Bilal a peur d'être débusqué, éjecté par d'éventuels et très hypothétiques propriétaires. Il masque la fenêtre avec un vêtement, tente de ne faire aucun bruit. Il taillade les semelles de ses chaussures pour que les traces qu'il laisse dans la neige ressemblent aux traces de pattes des rennes. Évidemment, personne ne vient jamais et l'ermite en herbe se détend. Ses uniques contacts avec le genre humain ont lieu lorsqu'il se lance dans un rare aller-retour vers Abisko. Six heures de marche dans la neige. Il en profite pour recharger son iPod, se ravitailler en papier, en nourriture, en alcool, en clopes, envoyer un mail ou deux à ses parents, à Marwan, à Antoine, à Lilas, à Kevin, un autre copain de l'école Boulle.

À Paris, Mourad et Martine ont du mal à croire ce que leur raconte leur fils. Leur gosse détaille ses trajets interminables dans la neige, les ours, les loups, sa cabane. « Qu'est-ce que c'est que ces histoires encore », soupirent-ils. Mais tout est vrai. Assez rapidement, Bilal leur envoie à tous une demande baroque : dans la perspective du réveillon, peuvent-ils lui envoyer des chocolats et du foie gras ? Il précise l'adresse d'un hôtel d'Abisko où envoyer le festin. Ses proches amusés s'exécutent.

Mais le plus souvent, il reste dans sa cabane dont il ne peut sortir que par la fenêtre puisque la porte d'entrée est bloquée, pour chercher du bois, apprendre à le couper, observer la faune. Lire beaucoup, Andreï Makine, Sylvain Tesson, Curzio Malaparte, Joseph Kessel, Albert Camus. Recopier des pages et des pages de leurs citations, comme s'il se constituait là une sorte de mode d'emploi pour la vie. Écouter de la musique. Boire du cognac. Apprendre des poèmes, par cœur. « Ma bohème » d'Arthur Rimbaud, « À la santé » de Guillaume Apollinaire, « Le Dilemme » de Jean Tardieu, des chansons, tout le répertoire de MC Solaar. Dessiner. Écrire. « Étrange comme sentiment, une guerre pourrait éclater, le monde entier s'entre-déchirer, je n'en saurais rien et je continuerais à couper du bois et à faire du café tous les matins. La cabane est une bulle, un œuf, complètement coupé du monde », divague l'aventurier.

Il a des hauts et des bas, tout de même. Des périodes d'abattement succèdent à l'euphorie, et puis, plus les semaines avancent, plus la folie le guette. Bilal s'imagine atteindre l'état animal et devenir lui-même un renne. Lorsqu'il se rend au village avec des sacs plastiques sur ses chaussures perméables, son manteau trempé en haillons dont il a déchiré des pans pour se faire des gants, il a l'allure d'un homme « mi-clochard, mi-fou », pense-t-il. Il raconte : « Je pense qu'on peut vivement critiquer cette vie d'ermite. C'est austère, une solitude extrême, la peur de commettre la moindre gaffe qui peut être fatale et donc demande une bonne attention, peu d'activités, âpreté de la vie quotidienne, besognes fatigantes à faire journalièrement mais c'est la seule existence dénuée de tout artifice. »

Aux alentours de Noël, une tempête qui dure des jours l'empêche de rejoindre Abisko. Bilal sait qu'il est là depuis environ un mois et demi, et le foie gras et les chocolats ont déjà été engloutis lorsque la batterie de l'iPod tombe à plat. Il n'a plus aucune notion du temps, ni de la date ni de l'heure qu'il est. Plus de jour, plus de nuit, plus de minute ni de seconde. Le voilà qui se bat avec des mouches, pisse sur le feu du poêle pour l'éteindre dans le but de frigorifier les insupportables insectes, s'imposant sa propre congélation.

Lire, dessiner, écrire, fumer, boire, dormir, lire, fumer, boire, dessiner, écrire, dormir.

Il est vraiment temps de rentrer. Uniquement pour repartir.

Ce sera la Russie, cette fois. Bilal prépare ce voyage depuis deux ans avec son ami Antoine Page. Ces solitaires partagent la même vision du monde, anarchiste et radicale, une méthode de travail instinctive et un peu inconsciente, l'impérieux désir de ne pas s'embarrasser des convenances, seul moyen pour eux d'aller à l'essentiel. Un alliage qui produit ce singulier projet de film : « Au volant d'un vieux camion, Bilal, street artist, et Antoine, réalisateur, voyagent plusieurs mois jusqu'aux confins de la Sibérie. » Le duo organise son périple, « entre *road movie* et conte documentaire », dans un coin du Jura où Antoine a retapé une maison en pleine nature comme une expérience artistique, devenue résidence d'artistes et refuge de potes.

Ils s'élancent en avril 2012 avec pour objectif de rejoindre Vladivostok dans un vieux camion Mercedes des années 1970. Fort joli pour l'esthétisme, vintage juste ce qu'il faut pour apparaître moderne à l'écran, l'engin n'a aucune fiabilité sur la route. Les pannes s'enchaînent, les galères aussi, compensées par des rencontres anachroniques touchantes et un peu maladroites (seul Antoine manie quelques rudiments du russe) comme celle avec cet ancien chauffeur à Soudoba Vichnia. Édenté et habité, le vieil homme leur raconte Gorbatchev et la Perestroïka, ses 120 euros de retraite mensuels et l'ancienne usine dont il est devenu gardien, avant de clamer dans un rire qui lui racle la gorge ce cri inspiré de Proudhon : « Anarchie mère de l'ordre ! » Les aventuriers sont aux anges.

C'est assez bien d'être fou est le résultat ovniesque de leur trip de quatre mois et demi. Les spectateurs les voient beaucoup de dos à l'écran, surtout Bilal qui marche, en pull à capuche le plus souvent et puis parfois soudain en chemise cintrée comme pour un premier rendez-vous. Ils conduisent, poussent leur camion qui regimbe et qu'ils vont finir par abandonner en rase campagne. Ils mangent pas mal aussi, des pique-niques assis par terre en bord de route ou sur un tronc d'arbre. Et puis ils prennent des trains, ils font du stop. Ils se marrent, écoutent de la musique, lisent, picolent, fument, parlent un peu mais pas trop. Bilal peint à chaque étape, sur des granges, des ponts, des maisons, des conteneurs, tête de vache monumentale, poisson impressionnant ou poule géante. Ils traversent la Suisse, l'Autriche, la Slovaquie, la Pologne puis la Russie, le Kazakhstan et enfin la Sibérie, mais c'est en Ukraine que le *road trip* prend une tout autre ampleur.

Antoine et Bilal restent un mois à Odessa. Ils squattent un entrepôt désaffecté où le peintre passe des heures devant la caméra de son pote à préparer son grand projet. Il veut installer sur le célèbre escalier de la ville portuaire deux cents personnages inspirés de la scène du film *Le Cuirassé Potemkine* de Sergueï Eisenstein. Celle au cours de laquelle les habitants dévalent les marches pour échapper aux tirs des soldats qui visent parmi eux les opposants au tsar Nicolas II. Sur de la toile de jute, Bilal reproduit ses personnages effrayés à l'aide de pochoirs qu'il crée lui-même et d'une bombe aérosol. Une nuit, le duo les suspend à des câbles traversant les escaliers de part en part, qu'ils donnent le sentiment troublant de dévaler.

Dix ans pile avant l'invasion de l'Ukraine par la Russie de Vladimir Poutine, cette foule imagée de révoltés réprimés et d'innocents traqués rejoint dans l'œuvre de Bilal les martyrs de Tunis, les réfugiés de Choucha, les pendus de France Télécom qui dorment encore dans le sous-sol du théâtre de l'Écho. Tous se tiennent la main, de Saint-Blaise à Odessa, réunis par l'artiste dans un élan visant à replacer les sacrifiés, les déplacés, les martyrisés, les fusillés pour rien, simplement victimes de la marche du monde, qui est une marche forcée, une marche sur la tête, au centre du récit. Pour cela, il veut brusquer, il veut choquer, il veut émouvoir aussi. La télévision russe se déplace, les passants prennent des selfies devant l'œuvre, ce qui rend fou Bilal. Pourquoi ils ne regardent pas ses dessins plutôt que de se regarder eux-mêmes ? Ils sont trop cons, les gens.

Pour s'assurer d'un regard affectueux, avisé et intelligent, d'un regard qui comprend et qui admire, Bilal envoie un mail à Martine. À l'intérieur, une pièce jointe. C'est une vidéo : il a filmé son installation et a ajouté sur les images une musique russe entêtante. Derrière le bureau de sa mère planté dans un open space de la mairie de Paris, un attroupement se crée. Ses collègues sont émerveillés par les images des mutins du *Potemkine*. Et les voilà tous ensemble sifflotant l'air posté par le fils dans les couloirs de l'Hôtel de Ville qu'ils parcourent à grande vitesse pour rejoindre, en retard, leur réunion de la matinée.

À Odessa, Bilal et Antoine abandonnent leurs téléphones portables et terminent la route à pied.

À peine rentré en France, Bilal redécolle, direction les États-Unis cette fois, et atterrit à New York. Il est reparti tout seul, il lui reste du boulot à faire pour le film avec Antoine, mais il en a déjà abattu beaucoup, c'est peu dire. Ce projet l'a épuisé, il a besoin de prendre l'air. Le voilà qui joue désormais au livreur à vélo le jour, slalomant à vive allure parmi les buildings qui peuplent la Grosse Pomme, et rentre le soir dans un squat de Brooklyn. Une nuit, des éclats de voix surprennent son sommeil. Bilal ne comprend rien à ce qui se dit, il ressent juste que ça craint, qu'il n'a rien à faire là, que les types ne sont pas des gentils. Il enfile sans bruit ce qu'il trouve de vêtements qui traînent et file par la première lucarne entrouverte. Dans la nuit américaine, il court le plus vite possible. Cette fois, il a vraiment eu peur.

Ça ne l'empêche pas de pousser le bouchon. Bilal est déjà un « anar », un activiste, un voyageur, un nomade, un ermite. Il veut devenir un vagabond et saute clandestinement dans un train de marchandises. Son but, la route du blues jusqu'à Detroit. Là-bas, c'est le bout du monde, ou la fin du monde, là où les capitalistes sont en train de perdre la partie. À Cleveland, son aventure trébuche. Bilal est arrêté pour vagabondage et jeté dans une cellule sans doute pas plus petite que la cabane en Laponie, mais qu'il n'a pas choisie. Il n'y a cette fois même pas de fenêtre, encore moins de rennes à l'horizon. Entre ces quatre murs, l'artiste ne dessine pas, d'ailleurs il n'a plus envie de dessiner. Il écrit. Il raconte son expérience avec des mots. Ses premiers évoquent l'arrestation.

« Mégaphone. Menaces. Uniformes sombres. Pistolet au poing. Peur et cris. Chiens et laisse. Furie et aboiement. Confusions. Plaquage au sol. Joue et poussière. Fouille. Insulte. Coup de pied. Menotte. Voiture noire et blanche. Gyrophare. Lumière et vitesse. Brique rouge. Barreaux et barbelés. Garage. Néons et bancs. Bureau. Passeport. Questions. Empreintes. Déshabillage. Fouille. Gant et latex. Douche. Sol froid. Uniforme orange. Chaussons. Tête droite. Couloir. Gauche. Couloir. Sanglots et gémissements. Cellule #1. Cellule #3, Cellule #5. Droite. Cellule #7. Ouverture. Bruit et métal. Un pas en avant. Bruit et métal. »

Une cellule #7 dont il se lance dans la description : « C'est un cube. Un cube parfaitement carré. Trois mètres de large sur trois de long et trois de hauteur. Un cercueil cubique [...]. Un cube, un chiotte, un lit, deux couvertures. Un labyrinthe facile mais sans issue. Un désert infini contenu dans une boîte.

Pourtant j'ai toujours aimé l'âpreté, la désolation, la simplicité matérielle, mais cette pièce me glace le sang, ce cube est calculateur, blême et distant. Je ne panique pas encore. »

Bilal va vite paniquer, sentir le cube se refermer sur lui, développer un lien hallucinatoire avec la main du maton qui lui sert à manger, comme si c'était le dernier reste d'humanité à sa portée, en faire un objet littéraire sur quelques pages fulgurantes qu'il appelle #*Cellule7*.

Il est libéré au bout de quelques jours et embarque dans un avion pour un retour au point de départ, chez ses parents, rue Saint-Blaise. Mais Paris lui semble hostile, le monde est trop vaste pour s'en contenter. Il raconte : « Quand tu fais ce que tu aimes, tout le monde te lâche. Tu crées le vide autour de toi. C'est ce qui m'est arrivé [...]. Les gens te proposent d'aller boire des coups, toi tu as un mur à peindre. Petit à petit, si tu ne viens pas, on ne t'appelle plus. On te taxe d'égoïsme. C'est une dure leçon : quand tu fais vraiment ce que tu veux, tu restes seul. À chaque fois que je reviens à Paris, je sens ce vide[1]. »

Il veut repartir. Déguerpir. Encore. Son voyage aux États-Unis ne s'est pas achevé comme prévu, il a été jeté comme un chien dans une cellule. Pauvre Bilal ? Lui fanfaronne que « c'était une expérience ! ». Il veut y retourner. Cette fois, Martine et Mourad tentent de retenir leur fils cadet. La virée américaine marquée par ce séjour derrière les barreaux les a échaudés. Évidemment, il s'en fiche et s'entête. Marwan finit par lui offrir son billet d'avion.

Le week-end de février 2013 où Bilal doit repartir, Martine et Mourad s'échappent aussi. Ils ont réservé un petit séjour dans un hôtel-spa en Normandie, à Ouistreham. Toujours viser la mer, la vue d'un port et des bateaux, le bruit des mouettes, même s'il fait gris, même s'il fait froid, lorsqu'il s'agit de se vider la tête. « J'ai passé le week-end comme ça », raconte Martine en se

---

[1] Laurent Carpentier, « En Tunisie, Zoo Project dessine les visages de la révolution », *Le Monde Magazine*, 3 juin 2011.

bouchant les oreilles. « Ce départ, on ne voulait pas le voir », ajoute Mourad. C'est simple, ils ne le sentent pas. À leur retour, ils trouvent Bilal dans le salon de l'appartement familial. « Alors tu restes, ça veut dire que tu ne pars pas ? » ils demandent. Le soulagement est de courte durée. C'est la neige qui a empêché l'avion de décoller, il s'arrache dans quelques jours. Comme à chaque fois, mais plus encore, il dit qu'il ne reviendra pas. Il veut se diluer dans le monde. Il promet, bravache, qu'il va rompre, il jure qu'il va disparaître, il a même fait dire par d'autres à son père et à sa mère sans voix : « Bilal veut vous quitter. » Mais il n'y parvient pas. Ses « ramps », c'est le seul frein qui le protège d'une évasion définitive.

Il ne réalise pas que ce mode de fonctionnement, son comportement, son talent écrasent le reste de la famille, écrasent les autres en général. Que c'est un enfer d'avoir un enfant, d'avoir un frère, d'avoir un pote qui fuit tout le temps, qui n'a pas de téléphone, qui communique selon son bon vouloir. Un stress de tous les instants. Forcément, à l'intérieur de la cellule familiale, il n'y en a que pour lui. Qu'il soit là ou qu'il ne soit pas là.

Malgré sa réussite, malgré sa notoriété, malgré son travail, malgré l'amour qu'il reçoit, malgré la fierté de sa mère lorsqu'ils se baladent bras dessus, bras dessous et qu'il est abordé par des fans d'Abdel, Marwan sait à quel point c'est Bilal qui concentre l'attention et aimante l'admiration. Cette amie de la famille s'en veut tellement de lui demander lors de leur première rencontre : « C'est toi l'artiste ? » Le comédien hésite quelques secondes à répondre « oui » avant de comprendre, la mine défaite, qu'elle le confond avec son frère. Il sait aussi que c'est Bilal qui inquiète, que c'est Bilal qui occupe les esprits. Il ne le jalouse pas tellement, lui aussi s'inquiète parfois. Mais quelle est sa place dans tout ça ?

Le jour J, Mourad emmène Bilal en voiture à l'aéroport de Roissy-Charles-de-Gaulle. Devant la porte d'embarquement, il essaie de le prendre dans ses bras. Bilal bloque l'effusion et lui serre fort les deux mains d'un geste qui se veut viril. Et s'en va.

« L'un des pires moments de ma vie », murmure Mourad.

Les premières semaines, le fils ne donne pas de nouvelles. Comme Christopher McCandless, le jeune héros du film multirécompensé *Into the Wild*, qui, à 22 ans, le même âge que lui, décide de rompre avec sa famille et un avenir assurément confortable pour partir à l'aventure, Bilal brûle ses papiers d'identité. Et reprend son errance à travers l'Ouest américain. Il ne dessine plus. Il veut faire de la musique, pourquoi pas ? Et puis écrire surtout. Ça le démange. Déjà dans la cabane en Laponie, il a noirci des dizaines et des dizaines de pages. Lors de son séjour en prison, il a pondu *#Cellule7*. En fait, depuis son passage à l'école Duperré, il n'a jamais rompu le lien avec sa professeure de français Brigitte Smadja, une romancière et éditrice de livres pour enfants. Il lui envoie régulièrement des textes qu'elle corrige, amende, sur lesquels elle griffonne des conseils, mais qu'elle juge le plus souvent très bons. À Mourad et Martine, du talent de Bilal, de ses dessins à sa prose, l'autrice dit tout simplement ceci : « Je n'ai jamais vu ça. »

Pour son anniversaire, le 6 mai 2013, Martine reçoit un mail d'une nouvelle adresse créée par son voyageur de fils qui se fait désormais appeler Billy Ze Cat. « Je n'allais pas rater ça », lui écrit Bilal. Nouveau mail une semaine plus tard, pour la fête des Mères, depuis les États-Unis. Puis il coupe la communication, après avoir signalé être arrivé à Detroit, dans le Michigan. La ville, puissante de son industrie automobile, les fameux *Big Three*, General Motors, Ford et Chrysler, comme de sa richesse culturelle – le cultissime label Motown est né là –, s'est littéralement effondrée sur elle-même. Les grèves et des émeutes raciales meurtrières se sont déclenchées en 1967, puis la drogue a déferlé, puis des faillites en tous genres ont été déclarées. La mégalopole s'est dévitalisée, elle a perdu près de la moitié de sa population. Il ne reste plus que ceux qui n'ont rien trouvé ailleurs, des Afro-Américains pour les trois quarts des habitants, qui se sentent méprisés, oubliés. La plupart des immeubles ne semblent plus habités que par les oiseaux. Même la gare est à l'abandon, Detroit est une friche, des affiches « *For sale* » ont fleuri sur les fenêtres sales, de l'herbe a poussé sur les anciens parkings.

La ville est devenue violente, elle est devenue dangereuse. Par endroits, il n'y a plus vraiment de lois et plus du tout de règles. Il faut être celui qui tire pour s'en sortir. Être celui qui n'a plus rien à perdre.

Qu'est-ce que Bilal vient faire ici ? Que vient-il observer, si ce n'est le cratère du volcan ? Être là où tout a commencé à se déliter, le capitalisme et avec lui la civilisation moderne, la mondialisation et avec elle l'humanité telle qu'il la connaît ? Déjà sous tutelle de l'État du Michigan, Detroit est déclarée en banqueroute au mois de juin, pile lorsqu'il débarque. La dette s'élève à 18,5 milliards de dollars. La municipalité envisage de vendre les œuvres d'art de son musée, le Detroit Institute of Arts, estimées à près de 15 milliards de dollars. Sacrifier la culture pour colmater les brèches :

Bilal a le sentiment de sentir vibrer au cœur de cet ancien eldorado les raisons de son engagement.

C'est ici qu'ont été inventées des horreurs – les *malls* et le crédit à la consommation –, mais ici aussi qu'on trouve le berceau du blues et du rap, des musiciens de génie, Bessie Smith, Eminem, Stevie Wonder, Diana Ross. Leur son dans les oreilles et son appareil photo autour du cou, il fête ses 23 ans et flashe l'effondrement, des théâtres en décrépitude, des salles de cinéma en ruine, des immeubles à l'abandon.

Début juillet, Laurent Carpentier, le père de son amie Lilas et journaliste au *Monde* qu'il avait sollicité au moment de partir en Laponie pour ouvrir un blog, se rend à Detroit pour le boulot. À Paris, tout le monde commence à trouver le temps sans nouvelles un peu long, et Laurent est missionné pour trouver Bilal. Objectif : lui parler face à face, le tâter en chair et en os, voir s'il a bonne mine, vérifier qu'il mange à sa faim. Mais Bilal n'a pas de téléphone, il n'a plus de papiers, il vit dans un squat et s'habille avec des vêtements de l'Armée du Salut. Pire, il ne laisse même plus la marque de son passage sur le béton. Le Petit Poucet ne sème plus de cailloux pour permettre de le suivre à la trace. Personne ne sait grand-chose de ses habitudes. Simplement, Laurent suppose qu'il doit se rendre dans des bibliothèques universitaires, puisque, partout où il va, Bilal cherche des livres. Le reporter fait le tour des rares *libraries* de la ville, demande aux Américains penchés sur des ouvrages s'ils ont vu un petit Français feuilleter des bouquins d'art ou d'histoire. Sans succès.

Le 23 juillet, Bilal écrit enfin à ses parents. Ses fichues allergies le reprennent, il a besoin des résultats de quelques analyses sanguines et d'une ordonnance pour se procurer des antihistaminiques. Martine et Mourad, qui sont en vacances, rentrent à Paris quelques jours plus tôt que prévu pour envoyer à leur fils les précieux documents. Bilal ne répond pas. Ni bien reçu, ni merci, ni merde. Rien.

Bilal a disparu

Le 28 juillet 2013 en fin d'après-midi, Bilal a quitté le squat qui lui servait de logement au quatrième étage du 1217 Griswold Street. L'immeuble planté au sud de la ville est considéré depuis une quinzaine d'années par les habitants de Detroit comme « *the most famous techno loft* » ou « *the most famous loft space in all of Detroit* ». Divisé en dix vastes appartements, c'est un haut lieu de rave-parties apocalyptiques, des fêtes endiablées boostées à la musique électro, à la coke et à l'acide. Pas du tout le truc de Bilal. Ce soir-là, il fuit l'effervescence du spot. Comme lors de son adolescence, lorsqu'il laissait Marwan faire trembler les murs du théâtre de l'Écho de ses soirées enivrées. Comme à l'époque de son passage éphémère à la « Gare aux Gorilles », lorsqu'il laissait derrière lui ses voisins de canapé à fleurs triper sur de la musique expérimentale, tous beaucoup trop lookés pour être de toute façon animés de réelles convictions. À Detroit, Bilal n'a pas son scooter rouge. Il n'a pas non plus de pot de peinture dans son sac en bandoulière. Ce n'est plus son truc. Il apprend l'anglais en écoutant du rap et se déplace en skateboard, sa nouvelle lubie.

Ce jour-là, il prend peut-être la direction du Brewster-Douglass Housing Projects. Quatre tours de briques, un ensemble de logements sociaux annoncé par la Première dame Eleanor Roosevelt et inauguré en 1938. Elles sont encore plus hautes que les tours Saint-Blaise et des stars y ont grandi, comme Diana Ross ou Lily Tomlin. Elles sont désormais à l'image de la ville, totalement à l'abandon. À l'intérieur gisent les débris d'anciennes vies de familles afro-américaines pour la grande majorité, des canapés troués d'où émergent des ressorts rouillés, des carcasses d'électroménager, machines à laver noircies, frigos moisis, tout est pourri. C'est un mélange entre le règne animal et le paradis du crime. Les tours s'apprêtent d'ailleurs à être complètement détruites, là, dans quelques semaines. Les premières démolitions ont déjà démarré.

Bilal ne revient pas de son escapade. Au début, à la coloc, personne ne s'inquiète. Depuis que le petit Français est là, il fait souvent ça. Traîner avec eux quelques jours, partager des repas et quelques coups, puis disparaître et revenir, toujours.

À Paris, Mourad et Martine ne le sentent pas, ce silence. « Quelle saloperie, ce gosse » peut-être, mais ne pas avoir dit merci pour l'ordonnance, ce n'est pas son style. Bilal est libre et « provoc ». Bilal fait ce qu'il veut quand il veut. Bilal ne doit rien à personne. Mais tout de même. Bilal est bien élevé et il fait attention à ses parents.

Évidemment, tout le monde évacue le stress dans des rires qui deviennent de plus en plus nerveux au fil des jours, des semaines. « Mais non, pas d'inquiétude, c'est Bilal. » Mouais. Le temps passe et Marwan s'accroche à l'idée que son frère vit sa vie rêvée de vagabond. Martine et Mourad, qui ont accès au compte en banque de leur fils qu'ils sont les seuls à abonder régulièrement, constatent que rien ne bouge. Même pour quelqu'un qui fantasme une vie sans argent, c'est suspect. Il faut bien se nourrir.

Le 27 septembre 2013, le film résultat de son *road trip* avec Antoine doit sortir. Une projection en avant-première de *C'est assez bien d'être fou* est organisée dans une belle salle de cinéma des Lilas, le Garde-Chasse. Bilal sera forcément rentré. Il faut que Bilal soit rentré. Toute la soirée, Mourad et Martine espèrent, les mains tremblantes, que leur fils débarque telle une rock star. En vain. Antoine prononce quelques mots pour le public en marge de la diffusion et s'excuse ainsi de l'absence de son complice : « À l'heure qu'il est, Bilal doit être dans un radeau sur le Mississippi. » Le cadet Berreni avait déjà rêvé à voix haute de descendre sur quelques planches de fortune le plus grand fleuve d'Amérique du Nord. Alors après tout, pourquoi pas ? Avec lui tout doit être possible.

Pas de nouvelles en septembre. Pas de nouvelles en octobre pour l'anniversaire de Mourad. Pas de nouvelles en décembre pour l'anniversaire de Marwan. Pas de nouvelles à Noël. Pas de nouvelles le soir du réveillon.

À Detroit, un corps a atterri au centre médico-légal de Wayne County le 29 juillet 2013. Un jeune retrouvé assassiné au pied des tours du Brewster, c'est presque une banalité dans cette ville abandonnée au crime. Mais quelque chose dans ce qu'il dégage va pousser une médecin légiste à tout faire pour lui rendre son identité. La journaliste et romancière Judith Perrignon a consacré une grande partie de son livre *Là où nous dansions*[1]

---

[1] Paru en 2021 aux éditions Rivages.

à cette quête de Sarah Krebs qui s'interroge ainsi après son premier examen du défunt : « D'où vient-il ? La vie lui avait-elle donné suffisamment confiance en lui pour n'avoir plus peur de rien ni des autres ? Au point d'aller seul et de nuit dans les ruines du Brewster Projects ? Quelle vie ? Où ? Il n'a manqué de rien, c'est évident, mais ce n'est pas difficile d'avoir l'air d'un enfant gâté par ici. Peut-être que ses parents ne le cherchent pas encore. C'est l'été, les vacances. À son âge on ne donne pas de nouvelles tous les jours, on creuse la distance pour dire qu'on a grandi, qu'on peut être seul. Serait-il de West Bloomfield ? Grosse Pointe ? En même temps, un môme de West Bloomfield ne s'aventurerait pas dans le Brewster. Les gosses des beaux quartiers savent. »

Il faut huit mois pour que Sarah finisse par faire parler le corps au terme d'un travail obsessionnel. L'ADN, le portrait-robot, l'enquête de police n'ont rien donné. Elle finit par prélever en forme de dernière chance les empreintes digitales de sa main, les emmène dans un labo, les fait mouliner dans un ordinateur qui contient des fichiers fédéraux inutilisés jusqu'à présent. Le nom de « Bilal Berreni » apparaît soudain à l'écran. Un an et demi plus tôt, après son arrestation dans l'Ohio, le vagabond avait dû écraser ses doigts dans de l'encre et les tamponner sur une feuille blanche. C'est cela qui a parlé. Ce geste qui rappelle son art, de l'encre et du papier, mais commis sous contrainte de la police, lui a permis d'être identifié.

Le 31 juillet 2013, du côté de Paris. Une tribune a été publiée dans *Le Monde*. Consacrée au destin de Detroit, elle est intitulée « La chute de Detroit, un changement de civilisation » et elle est signée de Laurent Carpentier qui venait de rentrer des États-Unis sans nouvelles de Bilal et sans aucune idée de ce qui lui était arrivé. Il concluait son texte sur les mots de l'historien britannique Arnold Toynbee : « Les civilisations meurent par suicide. Non par meurtre. »

Marwan

Huit mois de silence, un automne et un hiver. Marwan tourne en boucle mille réflexions dans sa tête. C'est une insupportable ritournelle. « Ça va, c'est Bilal. » « Il aime bien partir loin, dans des endroits isolés, où il n'y a parfois pas du tout de réseau. » « En même temps, Bilal ne reste jamais très longtemps sans envoyer un mail. » « Ou bien cela lui arrive-t-il parfois ? » s'interroge-t-il dans les premiers temps. Il ne sait plus trop, ses pensées s'embrouillent, il se demande : « Jusqu'où Bilal a-t-il déjà poussé ? » « Quatre mois, cinq mois sans nouvelles, est-ce qu'il a déjà fait ça ? »

L'idée de s'envoler pour Detroit, partir fouiller les décombres d'une ville en ruine, est envisagée par la famille. Mais vite écartée. D'abord, le chercher où ? Bilal est une aiguille dans une botte de foin. Et puis aller là-bas, c'est admettre qu'il y a un problème. Partir à la recherche de Bilal, c'est s'avouer qu'il a disparu. Pour sa famille, il est un échappé volontaire. Ils respectent la volonté de leur fils, de leur frère, qui s'est fondu dans le cosmos. Pour mieux réapparaître, forcément. Il doit bien être quelque part sur la planète. Ils se disent qu'actuellement il vole, il vogue, il plane, il roule, il erre, il se terre. Peu importe, il fait sa vie. Il fait son Bilal. À moins qu'il ne puisse plus écrire ?

La réalité, c'est que Marwan sait que son frangin n'est jamais resté dans le silence pendant une si longue période. Pas avec lui, pas avec Pop et Mam. Cette fois, ça va trop loin. Il sent que ça ne va pas. Quelque chose cloche. Il pressent comme une fin. Il exprime ainsi son inquiétude : « Mon frère ne me laisserait pas sans nouvelles, il ne m'aurait pas abandonné. » En plus, c'est lui qui lui a payé le billet d'avion. Il le dépanne d'ailleurs très souvent.

Il fallait le voir, tout petit, le prendre sous son aile, le bras autour de son cou, les présenter aux gens de sa voix enfantine : « Moi c'est Marwan, lui c'est Bilal ! » Et puis, plus tard, les deux penchés sur le plan de travail de la cuisine de Marwan à Paris. La même gestuelle, le même sourire, le même regard posé sur le monde, ouvert, humaniste, engagé. Même s'ils ont pris des chemins qui divergent, même s'ils s'interrogent l'un et l'autre. Mais comment fait Marwan pour supporter cette superficialité, le showbiz, ce paradis en toc dans lequel se baladent des sourires ultra-bright sans aucune aspérité ? se dit l'un. Mais comment fait Bilal pour choisir l'inconfort comme mode de vie, la précarité, l'absence de perspectives ? se questionne l'autre. Tout de même, si Bilal avait eu un problème, il lui aurait écrit. Ça, c'est sûr.

Enfiler presque tous les jours le costume d'Abdel lui offre l'occasion de fuir son cerveau en ébullition. Les studios, c'est une bulle de protection. Ces décors factices, le bar et la place du Mistral, l'hôtel Le Céleste, le commissariat, le collège, l'hôpital s'érigent en remparts pour le protéger de la réalité. Dans une ville en Lego, dans un Marseille où tout ne va pas si mal, pas de vrais règlements de comptes qui dérapent salement, pas de quartiers nord qui s'embrasent, pas encore d'immeubles qui s'écroulent, que des faux drames, des faux meurtres, des fausses ruptures, que peut-il réellement arriver de grave ?

Et puis vivre à moitié dans la cité phocéenne lui épargne la vue quotidienne des œuvres de Zoo Project, là, juste en bas de chez lui, dans la rue d'à côté, sur les murs de son quartier. Il y a bien ces fresques que Bilal a peintes un été à l'ombre de la Bonne-Mère. Sous la Corniche, et puis le long de la plage du Prado et sur un mur du cours Julien aussi. Il avait squatté l'appartement de Marwan qui était parti en vacances, aligné ses pots de peinture au sol, préparé ses pinceaux, griffonné des croquis sur des feuilles volantes, une habitude, avant de les reproduire à l'air libre. Et puis rendu les lieux impeccables à la fin. Comme si de rien n'était. Hormis qu'il avait « repeint Marseille », s'esclaffe l'ami de Marwan, David Baiot.

Durant ces mois d'ignorance, *Plus belle la vie* fait donc office d'échappatoire. Surtout qu'Abdel en vit des vertes et des pas mûres à l'écran. Au paroxysme de ses intrigues, il est agressé devant 5 millions de téléspectateurs pendant plus d'une minute par trois jeunes Marseillais, dont l'un ceinture sa petite copine, Barbara. C'est une idée d'Olivier Szulzynger, directeur de collection, c'est-à-dire chef des scénaristes, de traiter de la question du racisme dans une arche de plusieurs épisodes centrés sur Abdel, que voilà donc insulté, roué de coups à terre dans une petite ruelle. « Dis-moi, t'as pas l'impression qu'il y a un problème là ? Ta gueule d'Arabe sur une carte d'identité française, ça ne te gêne pas ? Moi, si », beugle l'un des trois assaillants qui brûle la carte d'identité de sa victime avant de lui asséner un coup de pied au visage et de lui souffler : « Retourne dans ton pays, Mohamed. » Le prêtre Christian Delorme, initiateur de la marche contre le racisme de 1983, sera même invité le temps d'un épisode en forme d'hommage à ces journées historiques.

Dans la vie réelle, Marwan a grandi dans un quartier où la mixité sociale est une solide réalité. « Il y avait cinquante-deux nationalités là-dedans », se marre Mourad. Le 20e arrondissement les a protégés, lui et ses fils, du racisme forcément bête et méchant. En son sein, être algérien ou fils de père algérien, être franco-algérien, est une banalité. S'appeler Marwan ou Bilal aussi. Mourad et Martine n'ont d'ailleurs pas hésité une seconde avant de donner à leurs enfants des prénoms d'inspiration arabe. S'ils avaient eu une fille, elle se serait appelée Sarah. Marwan et Bilal ont tous les deux un deuxième prénom français. Marwan se prénomme Marwan Mathias Berreni. L'intéressé aime bien, il ne trouve rien à y redire. Bilal, c'est

Bilal Gaspar Berreni. Lui trouve ça « ridicule », combien de fois s'est-il plaint à ses parents en faisant la moue : « Mais quelle idée de m'avoir appelé Gaspar, qu'est-ce qui vous est passé par la tête ?! » La famille, qui ne pratique aucun culte, a même plutôt vécu des épisodes de « racisme inversé », se souviennent Mourad et Martine. Ainsi, lorsque les garçons étaient à l'école primaire, ils avaient dû intervenir. La cantinière refusait de servir du porc à leurs fils. Interloqués, leurs copains répétaient aussi aux frangins : « Mais pourquoi vous mangez du porc ? » « Parce que c'est super bon ! » rétorquait Marwan. Une seule fois, les Berreni-Sarlandie ont pratiqué le ramadan pour accompagner Keltoum, la maman de Mourad, qui était en séjour chez eux. « Tu ne sais pas ce que tu rates ! » s'exclamait l'enfant devant sa grand-mère. Plus tard, il s'interrogera, mais uniquement dans un cadre professionnel : « Si j'avais pris le nom de ma mère, je n'aurais peut-être pas la même vie. » Il s'imaginait fugacement que les portes se seraient peut-être ouvertes plus vite, en plus grand, que les castings se seraient enchaînés, comme d'autres de *PBLV*, courtisés pour de nombreux téléfilms diffusés en prime time, par exemple.

En cet automne-hiver 2013, Marwan continue sa vie, bon an mal an. Il tente de faire comme si de rien n'était. Il monte sur la scène du théâtre de l'Odéon à Marseille pour jouer *Gigi*, adaptation d'une pièce fantasque de Colette, avec une partie de la troupe de *Plus belle la vie*, dont Coline avec qui il vit. Il faut que ce soit joyeux et léger, mais plus le temps passe, plus c'est difficile. Ce qu'il attend, c'est un message d'outre-Atlantique. Rien n'arrive. Le silence de Bilal fait un boucan d'enfer.

Ce matin du 8 mars 2014, Marwan hurle au téléphone à quiconque l'appelle que son frère est mort. Soudain, c'est comme s'il n'avait jamais pensé à cette possibilité. Que les enquêteurs pourraient leur dire un jour que les nouvelles ne sont pas bonnes. Qu'ils annonceraient à Martine et Mourad que leur fils, que son presque jumeau, était dans cette morgue de Detroit depuis huit mois, qu'il s'était fait tirer dessus par on ne sait pas qui, on ne sait pas pourquoi, « mais vous savez, c'est très dangereux là-bas ». Que son corps a finalement parlé. Ses amis lui murmurent, presque comme pour s'excuser d'avoir cherché à le rassurer pendant huit mois, lui promettant encore et encore que Bilal allait bien quelque part : « C'est toi qui avais raison, il ne t'aurait jamais abandonné. »

Maintenant que Marwan connaît l'issue, il a le sentiment de découvrir à la seconde que son petit frère a disparu. Il sait tout et il ne sait plus rien. Il est en terrasse dans leur 20e arrondissement, avec Dounia, Coline, et puis le soir Léa arrive rue Saint-Blaise. L'appartement est bondé tout le week-end, l'ensemble du quartier défile pour pleurer la légende. L'atmosphère à Paris signale le printemps qui arrive, ce devrait être le moment de se dire que le fond de l'air est doux et de s'extasier des jours qui rallongent. Mais c'est l'instant où Marwan plonge dans la nuit. Il va essayer, aimer, célébrer, construire, déménager, jouer, voyager, fêter. Il va envisager l'avenir avec joie, avec envie même, le plus souvent. Mais il répétera des dizaines et des centaines de fois jusqu'à ce qu'il n'en puisse plus : « Je suis condamné à vivre. » Avant tout, il veut comprendre ce qui s'est passé. Le déroulé des faits dans les moindres détails.

Lorsque le corps de Bilal est identifié, c'est paradoxalement une onde de choc qui secoue les grandes artères bétonnées de la ville américaine, pourtant tellement rodée au crime. Des meurtres, des assassinats, c'est le quotidien. Oui, mais ça se passe entre *hobos*, entre camés, entre dealers, entre types qui se font appeler Snap Dog, ça n'a pas d'importance, ça ne jette pas de sel sur les plaies de la ville. C'est d'une banalité désespérante, c'est indolore. Pour les autorités, les vrais sujets sont la faillite économique, la banqueroute, la façade qui s'écroule, l'industrie automobile à terre, et comment faire rentrer de l'argent dans les caisses et comment redorer l'image de Detroit et comment retrouver de la puissance. Pas des vies qui ne valent rien.

Mais là, un Français, si jeune, qui n'a rien demandé à personne et qui est connu en plus. Alors là, oui, c'est embêtant. « Qu'un artiste talentueux qui avait traversé la planète pour vivre sa passion ait été assassiné ici me rend malade, parce que cela renforce les clichés d'un grand nombre sur notre ville », se fendra le procureur du comté de Wayne en charge de l'affaire. Comme si Detroit avait besoin de ça, de l'attention de la presse, des médias français qui relaient tous la nouvelle de l'identification du jeune peintre urbain Zoo Project. *Le Parisien* titre : « États-Unis : le street artist français Zoo Project retrouvé mort à Detroit ». « Le corps du street artist français Zoo Project reposait à la morgue de Detroit depuis huit mois », annonce Rue89. *Les Inrockuptibles* proposent un « Retour sur quatre œuvres marquantes du street artist français disparu ». Même *Gala* s'en mêle : « Zoo Project ne reviendra pas de Detroit ».

Il faut six mois aux enquêteurs pour annoncer à Martine et Mourad l'arrestation de quatre jeunes garçons. En septembre 2014, les parents sont convoqués au palais de justice de Paris, pour un appel avec les flics américains. La communication passe mal. En cause la barrière de la langue, que la traduction du représentant du consulat français, ne permet pas de franchir totalement, et la ligne qui saute sans arrêt. Ils obtiennent tout de même les informations principales. Les suspects sont Dionte Travis, 17 ans, Jasin Curtis, 18 ans, Drequone Rich, 20 ans, et un mineur de 14 ans. Il en avait 13 au moment du meurtre de Bilal. Ils vont être jugés pour meurtre au premier degré et pour vol à main armée.

Le plus jeune, au visage encore poupin, a raconté à l'enquêteur de police Ira Todd, un *homicide cop*, comme ils disent là-bas, que cet après-midi du 28 juillet il jouait aux dés avec ses amis lorsque la discussion a vrillé. Pour se refaire une santé financière, la petite bande, issue d'un quartier noir et pauvre de Detroit, s'est mis en tête de dépouiller quelqu'un, quitte à tuer si leur cible se montrait réfractaire. Qu'est-ce que ça peut faire de toute façon ? La faim et les addictions ne justifient-elles pas les moyens ? Ils auraient repéré Bilal au milieu des décombres du Brewster, vulnérable, seul sur son skate, étranger au lieu, étranger à eux.

Pour imaginer la fin de son frère, Marwan doit à ce moment-là se contenter de ce que des gamins qui ont grandi sans foi ni loi racontent de ses derniers instants. Ils l'auraient braqué avec un *gun*, tout le monde en a un là-bas de toute façon. « Je n'ai pas d'argent », aurait tenté Bilal, qui était persuadé d'une manière générale qu'en n'ayant rien sur lui il ne pourrait jamais rien lui arriver. « Arrête de mentir », aurait rétorqué Dionte Travis. Bilal aurait jeté son sac à dos aux pieds de ses agresseurs, quelques dollars et une carte bancaire à l'intérieur. Travis l'aurait alors visé avec son arme à feu, il aurait ciblé le visage et tiré un coup dans l'œil droit. Bilal se serait effondré. Le garçon de 14 ans a confessé à Ira s'être servi de sa part du butin pour acheter de la *junkfood* et de la *weed*. Les procès et leurs verdicts se déroulent et tombent entre juin 2015 et janvier 2016 ; les condamnations oscillent entre vingt-cinq et soixante ans de prison. Rideau.

Mourad et Martine n'ont pas la force de s'envoler pour Detroit, ni au moment de la découverte du corps de Bilal ni au moment du procès. Ni là ni ailleurs sur ses traces. Martine dit que « c'est trop dur », mais est-ce seulement une question de force ? Marcher dans ses pas en Tunisie, en Libye, en Laponie, en Russie, aux États-Unis, leur fils l'aurait-il seulement voulu ? Il a mis entre eux et lui des murs, des pays, des continents. Ils respectent cela. Et puis ils ont récupéré les affaires que Bilal avait laissées dans le squat. Il n'y a plus rien de lui là-bas. Parmi elles, son appareil photo. Ils développent des clichés d'une ville morte. Leur chaos intérieur est largement suffisant sans avoir en plus à affronter le chaos de Detroit.

Ils décident de quitter Paris. Plus l'envie d'arpenter quotidiennement les rues du 20e arrondissement. Elles appartiennent à Bilal, elles sont une partie de son héritage, elles conserveront les splendides vestiges de leur passé à tous les quatre. Ils préfèrent désormais le calme de leur petite maison de l'Yonne, le voisinage bienveillant mais plus discret, les cottages typiquement bourguignons qui peuplent le hameau. Le leur est un cocon rassurant. Il y a autour un étang, une vaste forêt pour la cueillette des cèpes en automne, des fermes à foison pour le lait, les œufs, le fromage. L'une d'elles fabrique même ses propres glaces. La vie des villages du coin s'organise au rythme des marchés et des fêtes communales, comme lors des vacances avec les enfants dans le Périgord. Mourad construit une bibliothèque en forme d'horloge, il la peint de toutes les couleurs, la plante devant chez eux et la remplit de livres pour qui veut se servir.

Marwan, qui n'a pas non plus fait le voyage vers Detroit, ne tarde pas à débarquer. Pour quelques semaines, au début. Il va rester trois ans et demi. Il dort d'abord dans sa chambre en haut de l'escalier en bois blanc. Avec Kevin, l'ami de Bilal, ils se mettent en tête de faire des quatre murs plantés au fond du jardin une maisonnette habitable. Ils bétonnent, coupent du bois pour les poutres, installent une porte et des fenêtres, montent la toiture, retapent le sol. Cet endroit devient son chez-lui lorsqu'il n'est pas en tournage à Marseille. Il s'ancre à nouveau avec ses parents, mais il se fait des relations, comme partout ailleurs. Le jeune homme devient un pilier des bars et des bistrots du coin. Les gars sont sympas, le zinc est un vecteur de force imparable. Il y a dans ce brouhaha composé d'un mélange d'éclats de voix graves et de tintements de verres qui s'entrechoquent – « à ta santé ! » – pour chaque occasion quelque chose d'enveloppant. De rassurant. Et puis s'enivrer, c'est s'échapper. Oublier presque, les yeux dans le vide, se lover dans la ouate ou se perdre dans la brume, croire quelques heures en la possibilité d'un ailleurs. Même si le réveil est toujours un satané rappel aux choses réelles.

Nous sommes en 2016 et Abdel Fedala bascule du côté obscur de la force. L'avocat gentillet de *Plus belle la vie* grandit, mûrit, noircit. C'est à ce moment-là qu'il devient le parrain de la mafia sur fond d'embrouilles familiales. Mais il faut que le public continue de l'aimer, alors le torturé n'est jamais complètement le méchant. D'abord, il est souvent amoureux. Marwan dit que « c'est doux » de jouer le romantique. Et puis une ligne dans le descriptif de son personnage résume : « Quand quelqu'un s'approche un peu trop près de ceux qu'il aime, c'est là qu'il peut franchir la ligne. » Il apprécie ce « truc de clan ». « Dès que ça touche à quelqu'un du groupe, les Fedala se mettent en action, ils sont prêts à tout », valide l'acteur. « Marwan est un bon comédien. Il joue bien ce déchirement. Il est crédible dans les deux registres, l'ombre et la lumière », appuie Sébastien Charbit, producteur de *Plus belle la vie* entre 2015 et 2019. Crédible en Abdel, sans cesse tiraillé entre l'ange et le démon, traversant des pleins et des déliés. Tout comme lui. Parfois, les stars du show se disent entre elles que certaines intrigues sont un peu sadiques. La troupe a l'impression que les scénaristes puisent à l'occasion dans les ressorts de leur vie personnelle pour dessiner les contours de leurs personnages. Ils n'arrivent pas à savoir si c'est conscient ou non. Certains cerveaux de *Plus belle la vie* veulent bien admettre après coup que même si Marwan n'en laissait presque rien paraître sur le plateau, même s'ils ne se doutaient pas de l'ampleur de ses tourments, ses aspérités, son ambivalence et sa fragilité les ont sans doute inconsciemment inspirés pour écrire le destin d'Abdel.

Marwan n'est plus un jeune premier. Il s'est épaissi physiquement, complexifié intellectuellement. Le voilà désormais multiple. Pour des millions de Français scotchés à *PBLV*, il devient ce type borderline et jusqu'au-boutiste, mais attachant malgré tout. Pour ceux qui l'aiment dans la vie, il est toujours Marou, le fils adoré, l'ami solaire, là pour les autres, distribuant ses « petits calinous » et sa chaleur. Mais lui, au fond, se demande s'il n'est pas juste le frère de Bilal et, surtout, s'il est à la hauteur de ce rôle-là.

Il donne bien le change. Rien de plus heureux qu'une journée avec Marwan. Ceux qui partagent sa vie disent : « un mec extraordinaire », « un type lumineux », « très curieux », « quelqu'un de formidable », « un cœur sur pattes », « jamais dans le jugement », « toujours juste avec les autres », « dans la compréhension ». Il est solaire et joyeux, ouvert et altruiste, il ne lâche rien de sa part belle. Il n'a pas oublié ses aspirations d'après bac, il ne s'est pas dissous dans son drame. Le comédien aime vivre de son rêve, s'offrir des évasions de temps en temps, s'envoler pour l'Espagne ou pour la Grèce, vagabonder dans des paysages colorés et ensoleillés, s'échapper sur sa console Switch. Il est heureux de ne pas trop compter, de pouvoir se payer de jolies choses de temps en temps. Hôtels cinq étoiles, restaurants gastronomiques, piscines à débordement, vues splendides. Un jour, il se marre lorsqu'il voit au bras d'un copain qu'il s'imagine à raison pouvoir arborer plus impressionnant qu'une breloque : « C'est pas une montre de producteur, ça ! »

Mais Marwan n'est pas superficiel. Il est aussi un passionné d'art, tous les arts. Il adore flâner des heures au musée d'Orsay, son préféré. Et ne ressort jamais d'une librairie sans avoir les bras chargés de romans, de bandes dessinées, de livres de photos. Dans son sac, il y a toujours un auteur qui traîne. Parmi eux, Jack London, écrivain vagabond, pirate et chercheur d'or, qu'adorait sans surprise Bilal et dont Marwan lit ces célèbres lignes dans *Martin Eden* : « Sans boussole, sans rames, sans port à l'horizon, il se laissait aller à la dérive, sans lutter davantage, puisque lutter c'est vivre et que vivre c'est souffrir. » Gilles Deleuze aussi était une référence pour son cadet. Il arrive parfois à l'aîné de diffuser fort dans les enceintes de sa voiture le célèbre « Abécédaire » du philosophe, rendant ses passagers perplexes et amusés. À ses amis, il fait découvrir des films pointus lors d'interminables soirées canap', tous serrés les uns contre les autres. Le cinéma coréen est en bonne place au panthéon du projectionniste. Il y a *Printemps, été, automne, hiver… et printemps* de Kim Ki-duk, l'histoire d'un maître zen et de son disciple qui évolue au fil des saisons dans un temple bouddhiste. Ou encore *Dernier train pour Busan*, œuvre visionnaire de Yeon Sang-ho qui raconte en 2016 la propagation d'un virus inconnu qui contraint à l'état d'urgence. « Un film avec des zombies, c'est du génie. Ça mêle horreur, action et drame politique. Une pépite dans le film de genre », chronique David Baiot à qui son ami l'a fait découvrir. Mais Marwan ne pousse jamais le snobisme à son paroxysme. Dans sa balance cinématographique, il adore à égalité le sorcier Harry Potter, découvert à la fin de l'adolescence. Des sept opus, il connaît toutes les formules magiques par cœur.

Le temps d'un air de guitare, d'une virée au ski, d'un tour en bateau, d'une soirée à la campagne, le temps d'une session de pêche à la carpe, d'une petite partie de cartes ou d'un long voyage, ses intimes bâtissent avec lui les fondations de solides relations, de celles qui donnent le sentiment de pouvoir survivre à tout puisque le ciment est la fidélité à l'épreuve du temps et des tempêtes, des engueulades houleuses aussi, qui se terminent toujours ainsi : « Je suis là si tu as besoin, tu sais ça ? » Ils lui répètent tous cela parce qu'ils savent que Bilal qui n'est plus là n'est jamais loin.

Marwan monte sur quelques scènes aussi. En 2016, la pièce *Les Anciennes Odeurs*, au théâtre du Marais à Paris, rencontre un vrai succès critique. Parfois, il foule les planches aux côtés de son père. Ensemble, ils aiment jouer les *Fables* de La Fontaine avec force imagination, accessoires, instruments de musique. Mourad a aussi dans les tuyaux une idée d'adaptation de la pièce de Fabrice Roger-Lacan, *Irrésistible*, initialement jouée par le couple formé par Arié Elmaleh et Virginie Ledoyen. Il aimerait mettre en scène son fils et Léa François. Une affiche pop est même réalisée, elle reste précieusement rangée dans son téléphone. Mourad et Marwan enregistrent même une chanson à deux voix : « Quand j'avais quinze ans ». C'est le paternel, « Moody » de son nom d'artiste, qui l'a écrite. Marwan ne chante pas si mal, sa voix est légère, elle diffuse cette histoire d'un ado qui fantasme sur « une fille-sourire » derrière les murs du lycée avec des effluves d'insouciance sur une guitare entraînante. Les fans qui le croisent ici et là n'en reviennent pas de sa gentillesse, du temps qu'il leur accorde, de sa générosité. Il dit toujours oui pour un selfie, pour un sourire, pour discuter.

Marwan est un bonheur. Marwan est une fureur.

Il suffit souvent de quelques verres et les soirées virent au noir. Il rumine, il en veut à la Terre entière. Il s'en veut à lui, surtout. Alors, il perd patience pour rien, cinq minutes d'attente au McDo ou un mot qu'il estime prononcé de travers par un inconnu en soirée. Ses amis le recadrent avec douceur et parfois avec fermeté. Il ajoute quelques verres de plus. Et ressasse.

En payant le billet d'avion de Bilal, n'est-ce pas lui qui a envoyé son frère à la mort ? Il estime qu'il aurait dû être à Detroit à ce moment-là, que si Bilal s'y est retrouvé seul c'est parce qu'il ne l'a pas accompagné. Il répète « c'était mon petit frère, tu te rends compte ? », et insiste fort sur le mot « petit ». N'était-ce pas là son rôle d'aîné de garder son bras soudé autour du cou de son cadet comme lorsqu'ils étaient mômes ? Bien sûr que non, tout le monde lui dit qu'il se fait du mal, qu'il n'y est pour rien.

Évidemment qu'il n'y est pour rien : Bilal a choisi de partir comme ça, de construire ce qu'il voulait être, le personnage central et divers de sa propre mythologie. Mais il n'y a pas que ça. Marwan se repasse sans arrêt les maigres informations qu'il a reçues des États-Unis. Impossible d'intégrer le scénario qu'on lui a vendu. Il s'agace : « Bilal, se faire dépouiller ? Ça n'a aucun sens. Il n'avait jamais d'argent sur lui. Et puis, il ne faisait pas de skate, alors c'est quoi cette histoire ? »

De toute façon, Detroit, c'est n'importe quoi. L'ancien arsenal de la démocratie est devenu la ville du crime, la ville la plus dangereuse des États-Unis. Bilal en a pris des risques pourtant dans sa vie. Il s'est exposé à des situations politiques agressives, a bravé des climats hostiles. Il en est toujours ressorti debout. Pas de là-bas. Detroit est donc la ville la plus dangereuse du monde puisqu'elle seule a avalé son frère. C'est une zone de non-droit, ça sent la poudre à dix mille kilomètres. Le FBI a publié ses statistiques pour la seule année 2013 : 316 meurtres pour une population de 699 889 habitants, ce qui place le taux de la ville à 45 homicides pour 100 000 habitants. Le taux le plus élevé de toutes les grandes villes des États-Unis. Quel record ! Selon la police de Detroit, c'est encore pire : 333 homicides en 2013, 688 701 habitants en se fondant sur les chiffres du Bureau du recensement des États-Unis, ce qui placerait le taux d'homicides à 48 pour 100 000 habitants. Pourquoi Marwan devrait-il accorder la moindre crédibilité aux informations qui arrivent d'un pays *a priori* civilisé dans lequel on est contraint d'établir un classement des villes les plus meurtrières ? Et depuis quand les enquêteurs bouclent là-bas une affaire si facilement, pliée en six mois ! alors que des corps ne sont jamais identifiés, que des criminels ne sont jamais arrêtés ? Les statistiques, encore elles, sont imparables. Sept crimes sur dix non résolus dans la ville. Non, décidément, ça paraît beaucoup trop simple. Ce sont des foutaises.

Marwan a tout de suite douté. Suivi par une partie des amis de Bilal. Ensemble, ils ont imaginé que les quatre gamins en prison n'étaient pas forcément les coupables. Ils en parlent d'ailleurs le plus souvent comme des « pseudo-tueurs » ou des « soi-disant assassins ». Possible que les flics les aient ramassés comme ça, au hasard dans la rue, pour faire plaisir à la presse, pour rassurer les parents, pour détourner l'attention médiatique. Voilà qui ressemblerait bien aux méthodes de « ce pays de débiles », tranche la bande adepte de cette théorie.

Mais, en réalité, Marwan oscille d'une semaine à l'autre, d'un jour à l'autre, parfois même d'une heure à l'autre. Dans la même soirée, les réflexions du comédien s'entrechoquent. Il s'emporte : « Ce ne sont pas eux les assassins », « Ce ne sont pas les bons ». Ensuite, il tempère : « Et même si c'est eux, de toute façon, la peine est trop lourde. » Parfois tout ça dans la même phrase : « Ils n'ont pas tué mon frère, et s'ils l'ont fait, ils ne méritent pas cette peine, ils sont trop jeunes pour ne pas avoir de seconde chance. » Les scénarios se mélangent, les quatre derrière les barreaux passent soudain dans son esprit d'innocents à coupables, mais coupables il faut leur pardonner. Il y revient beaucoup, à cette notion de pardon, en digressant sur l'Amérique, « cette fabrique à tueurs », il s'énerve. Il pense que Bilal aurait fait une circonstance atténuante de l'enfance sans confort, sans joie, sans nom de ses assassins, qu'il aurait estimé que c'est la société qui aurait dû être condamnée en pareilles circonstances. Marwan réfléchit même parfois à voix haute : ne pourrait-il pas faire sortir de prison les condamnés ? Pour l'une des femmes de sa vie, l'explication à cette ahurissante volonté est la suivante : il se sent si coupable de la mort de Bilal que faire libérer les tueurs serait une manière de s'absoudre lui-même.

Comment faire le deuil ainsi, dans un tel bouillonnement intérieur, et puis pourquoi le faire ? Le deuil, injonction bienveillante mais harassante faite à quiconque vient de perdre quelqu'un, Marwan ne veut pas s'y adonner. Ni sur le coup, ni jamais. Il le confesse comme ça de plus en plus souvent au fil des années : « Je ne veux pas faire le deuil de Bilal. »

Il y met un point d'honneur, parce que ça serait comme l'abandonner une nouvelle fois. Parce que le laisser partir, ce serait se laisser filer lui-même.

Marwan n'a plus d'appartement à Marseille. Comme de nombreux comédiens de *Plus belle la vie*, il est logé à l'hôtel La Résidence du Vieux-Port. C'est comme une deuxième maison. Dans le hall et les couloirs, leurs visages sont encadrés parmi ceux des célébrités qui ont séjourné là, tels Francis Huster, Guillaume de Tonquédec ou Nicole Garcia. Sous sa photo à lui, posée, en chemise blanche et veste, en noir et blanc, très star, il a dédicacé : « Pour cette merveilleuse équipe qui me donne le sourire à chaque fois ! Merci pour tout... Avec tout mon amour » et dessiné des cœurs enfantins. Entre collègues, ils se retrouvent là comme en coloc sur les périodes de tournage. Ils passent leurs soirées sur les terrasses des uns et des autres, qui ont souvent une vue imprenable sur la basilique Notre-Dame-de-la-Garde. Ici avec un ami, ou en week-end, chez les uns, chez les autres, parfois dans la maison familiale, Marwan se repasse le drame de Detroit, avant, pendant, après. Mais quel après ? Dans les vapeurs d'alcool et les nuages de fumée de cigarette, il disserte par vagues de culpabilité, de doute, de nostalgie et de regrets.

Près de cinq ans après la mort de Bilal, au printemps 2018, Marwan décolle pour les États-Unis avec Dounia Coesens. Des vacances entre meilleurs amis. Au programme, la mythique route 66 en 4 × 4, la liberté, chemise en jean ouverte au vent. Ensemble, ils vont pouvoir jouer les « sales gosses », se déguiser en personnages de saloon à Branson. Il est le shérif, elle est la danseuse. Et puis s'émerveiller des multi-couleurs d'Oklahoma, faire du cheval sur les chemins sableux du Texas, se baigner dans les eaux claires de Santa Rosa, se perdre dans les roches rouges de l'Antelope Canyon. Marwan va l'entraîner hors des sentiers touristiques, une soirée entière à refaire le monde avec des SDF installés sur un terrain vague. Ça lui rappelle les soirées pétanque et les barbecues improvisés dans la cour de l'immeuble de la rue Saint-Blaise, ça lui évoque aussi certaines soirées marseillaises. Avec Laurent Kerusoré parfois, ils achètent des sandwichs aux sans domicile fixe, se posent sur le bout de bitume de ces inconnus à la vie tourmentée et discutent jusqu'au bout de la nuit avec eux qui ont tant à dire de l'essentiel.

Mais avant tout cela, dans l'avion qui l'emmène avec Dounia de Paris à Chicago, Marwan se dit qu'il va y aller. C'est l'occasion. C'est maintenant ou jamais. Il va atterrir, prendre un taxi pour la gigantesque prison du comté de Cook. Il va se pointer, il va lancer qu'il veut les voir. « Et vous voulez voir qui, monsieur ? » demandera le maton en chef ou un type forcément patibulaire à l'entrée du parloir, trois mètres de haut, plein de tatouages, très impressionnant, comme dans les séries américaines que le comédien adore regarder des heures d'affilée. Marwan ne se démontera pas, il dira : « Je veux rencontrer les assassins de Bilal Berreni. » Le gars va sortir son trousseau de clefs, déverrouiller la grille, faire venir les jugés coupables derrière une vitre. Il faudra attraper le combiné d'un téléphone à l'ancienne pour communiquer. Il va les regarder dans les yeux, très profondément, et puis après un silence il va leur dire qu'ils ont tué son frère qu'il adorait, peut-être, mais qu'il leur pardonne. Il va leur assurer qu'il espère vraiment qu'ils ne vont pas passer leur vie entre quatre murs et même qu'il va les aider à sortir. Son discours est encore brouillon, le projet est bâclé, on ne se pointe pas en prison comme ça, les mains dans les poches, sans prévenir. Et puis quel pouvoir a-t-il sur l'avenir judiciaire de ces types ? Mais peu importe finalement, Marwan abandonne. Au fond de sa valise, il a calé des affaires de Bilal entre ses propres affaires. Un vieux sweat, un carnet de croquis. Il ne les quitte jamais. Il ne dit à personne qu'elles sont toujours là, avec lui. C'est son secret, c'est leur secret à tous les deux. Ça lui suffit, pour l'instant.

L'année suivante, Marwan vend son appartement de Gambetta. « Paris ne me fait pas de bien », dit-il. Il n'en peut plus d'être ici. Il se perd dans le bruit et l'agitation de la ville, dans les sollicitations multiples et les fêtes. Jours trop courts et nuits sans fin. Il cherche à acheter une maison désormais, à avoir un extérieur pour prendre l'air. En Bourgogne, dans l'idéal. Pas trop loin de chez ses parents, une région de bons vins, de bons restos, où il fait bon vivre en somme. Il a déjà visité un grand cottage dans le village de Mourad et Martine, mais il finit par trouver son bonheur en Saône-et-Loire, à Fuissé.

Le village est posé à deux cent cinquante mètres d'altitude et compte deux mille heures d'ensoleillement annuelles, promet la publicité vintage peinte en grand sur un mur à l'entrée du centre. À peine quatre cents habitants pour cent vignerons vivent là, à l'abri de la roche de Solutré, ce « navire pétrifié surplombant une mer de vignes », écrivait Lamartine, et au rythme des récoltes du pouilly, le cru le plus exporté de la région. « Le vin de la joie de vivre, le vin de vos vacances », promet encore la réclame. Dans le coin, les fêtes communales s'enchaînent au rythme des vendanges et on parle le langage du vin, un jargon d'initiés. À longueur de journée et en fonction des saisons, on disserte sur le « premier pressuré », « la cuvée », « la taille », on débat fermentation et baptêmes de millésime. Le business se porte bien.

La maison de Marwan est une jolie bâtisse de ville, deux cents mètres carrés, située sur les hauteurs. « Elle est bien foutue, bien agencée, toute neuve », résume la comédienne Myra Tyliann, en couple avec Marwan au moment de l'acquisition. De fait, la demeure a été entièrement retapée par Cédric, un architecte du coin qui va devenir leur ami. Elle s'élève sur trois niveaux donnant sur une cour. Dans la pièce principale, un beau mur de pierres claires, dans la cuisine ouverte, une cheminée. L'acteur installe une salle de cinéma pour les soirées projection avec les amis, une salle de jeux, un baby-foot, aménage trois chambres pour les copains. À l'extérieur, il pose une grande table à l'abri d'un olivier centenaire, et sanctuarise un coin jacuzzi pour l'été. Des cœurs sont taillés dans les volets en bois. À peine installé, Marwan demande à Kevin, l'ami dessinateur de Bilal devenu le sien aussi, de reproduire sur le mur de la cour une fresque que son frère avait peinte en 2011 à Paris. Une succession de têtes de chameaux alignées, toutes les mêmes, l'air un peu ahuri. Côté rue, il installe une boîte aux lettres grise avec le loquet rouge à relever quand elle est pleine. Une boîte aux lettres à l'américaine. De l'autre côté de la route, juste derrière une croix en fer forgé, les vignes plongent vers la vallée. Sur ces solides terres d'argile et de calcaire, le comédien se laisse aller à la douceur de vivre. Il se met même aux vendanges tous les mois de septembre. Il coupe, taille, cisaille au soleil, et le reste du temps étiquette les bouteilles à la chaîne, un travail rémunéré pour Geoffroy, son copain viticulteur.

Lorsque Marwan, grand épicurien, reçoit, souvent et beaucoup, il ne loupe jamais une occasion d'aller dévaliser le marché pour préparer à ses hôtes des plats qui mijotent longtemps. Une bonne paëlla ou un pot-au-feu. Au fil des discussions animées, l'acteur imagine des projets. Il en a déjà eu tant, il en a tant encore. Ici, il veut se lancer dans la vigne. D'ailleurs, il est déjà parrain d'un vignoble. Pour son intronisation en 2016 au sein de la confrérie des Piliers Chablisiens, il racontait : « Il faut dire que je suis un bon vivant. Ma mère est originaire du Périgord ! Depuis tout petit, je suis habitué aux fêtes de village, à l'ambiance de terroir. Je suis hyper content d'être à Poilly-sur-Serein et touché par la gentillesse de mes hôtes[1]. » Le comédien pense aussi à créer un drive-in à Mâcon, comme il en a vu sur la route 66, c'était même un *theater in* là-bas. Il se note d'en parler à la mairie. Il rêverait de créer une boîte de nuit sur une île qui serait accessible uniquement en bâteau. Et puis, il aimerait bien ouvrir un restaurant, pourquoi pas ? Il écrit des scénarios, un projet de série sur la ségrégation avance bien. Marwan espère pouvoir accueillir des auteurs dans sa maison. Pour cela, il a installé un espace pour ses bureaux. L'idée de

---

[1] Véronique Sellès, « 68e fête des vins de Chablis : Plus belle la vigne avec Marwan Berreni », *L'Yonne républicaine*, 22 octobre 2016.

fonder une boîte de prod avec David et Dounia est effleurée. Et puis, comme Mourad, il songe à monter des spectacles vivants, il veut refaire du théâtre. Il adore ça. Ça a le goût de l'enfance. Toutes les scènes résonnent comme celle de l'Écho, du temps où Bilal était là.

Son frère inspire toujours tellement de monde, plus encore sans doute depuis qu'il n'est plus là. Les œuvres de Zoo Project se retrouvent dans des livres consacrés au street art, et parfois sans l'accord de la famille. C'est difficile à supporter pour Marwan. Un jour qu'il découvre dans une librairie un ouvrage qui a reproduit des dessins de son frère sans leur accord, il explose de colère. Mais la réalité, c'est que l'œuvre de Bilal échappe à tous, même à ceux qui voudraient tant la retenir. Comment aurait-il pu en être autrement ? L'artiste a littéralement cédé à la rue son travail, il l'a donné à voir sans contrepartie, il a dessiné sur des murs à Paris, sur la façade d'une grange en Suisse, sur la carcasse d'un bateau échoué sur la mer d'Aral asséchée. Il s'est offert au monde. Comment s'étonner après que le monde s'en empare ?

Voilà donc Bilal qui apparaît dans des paroles de chansons, chez des rappeurs du 20e arrondissement comme chez des rappeurs marseillais, et même en couverture d'un single du groupe Bérurier noir, *La Piste inconnue* – « Eux, ils nous ont demandé ! » félicite Martine. La belle maison d'édition Gallimard lui a un jour écrit un mail. Elle souhaitait publier les œuvres de son fils. Avec Mourad, ils n'ont pas donné suite. Une jeune réalisatrice, Phane Montet, qui a découvert le travail de Zoo Project sur les murs de Paris s'est même lancée en quête de la cabane au large d'Abisko. Elle l'a retrouvée à l'été 2021 et en a envoyé des photos à Mourad et Martine. Posée au soleil au milieu d'une nature luxuriante, la petite baraque renfermait la signature de Bilal, gravée sur une planche du lit : ZOO PRO.

Les parents et Marwan suivent de près la riche vie du film *C'est assez bien d'être fou*, cinquante mille fois vu. Ils se penchent sur la réalisation par

Lilas Carpentier d'un coffret de neuf carnets imprimés des œuvres de Bilal. Mourad et Martine ont prêté un été à la jeune fille l'appartement de la rue Saint-Blaise pour qu'elle travaille à cette somme. Elle y a sauvé un pigeon qui s'était retrouvé coincé sur le balcon. Le coffret achevé, pas question de le vendre, bien sûr. Il est distribué dans des CDI de lycées, dans des bibliothèques, étudié dans les écoles d'art. Sans contrepartie.

Et puis, il y a quelques expositions montées à droite et à gauche, que Marwan contribue souvent à mettre sur pied, mais toujours en bande organisée. La société de production d'Antoine Page, La Maison du Directeur, se charge de faire vivre l'œuvre de Bilal à sa façon, précise et précieuse, presque exhaustive et exclusive. À la limite du sacré. « Bilal s'affranchissait de tout milieu et en particulier de celui de l'art, il voulait tout expérimenter, avoir mille vies différentes, ne rendre de comptes à personne. Cela n'avait rien de facile ou de confortable ni pour lui ni pour ses proches, mais ça avait de la gueule. Il était fier de son fonctionnement », raconte Antoine en confessant que chaque jour Bilal lui manque encore.

Dans le fond, les parents Berreni-Sarlandie ne détestent pas que l'œuvre de Bilal vive, qu'elle lui survive, que des yeux continuent à la voir, qu'elle puisse encore éduquer des âmes. Mais lorsqu'ils ne sont pas prévenus, lorsque c'est leur fils et non son œuvre qui leur saute au visage sans qu'ils aient été avertis, alors forcément la douleur l'emporte sur la fierté.

Ainsi, à la fin de l'année 2014, Macha Makeïeff, directrice du théâtre national de La Criée à Marseille, les informe de la mise en scène d'une pièce consacrée à Odessa, *La Marseille slave*. Un spectacle en « lecture, images et musique » qui va être dédié à Bilal. « Ma fille me parle de ses œuvres depuis si longtemps ! » leur raconte, enthousiaste, la metteuse en scène, également épouse de l'ancien directeur de l'Opéra-Comique Jérôme Deschamps. Ils imaginent donc bien que certains dessins de Bilal réalisés pendant son *road trip* en Russie vont être utilisés. C'est finalement un an après en avoir entendu parler pour la première fois que Martine et Mourad font le trajet jusqu'à Nice, où la pièce va désormais être jouée. Ils ne savent pas vraiment à quoi s'attendre, le pitch n'évoque ni Bilal ni son travail : « Entre délectation littéraire et musique, la proposition théâtrale de Macha Makeïeff fait entendre les mots crus et drôles du "Maupassant russe", Isaac Babel, qui se souvient d'Odessa. Trois lecteurs et deux musiciens, deux écrans, des images et des fantômes, des chansons klezmer, la langue russe, le yiddish… campent l'ambiance, pendant qu'à Marseille, à coups d'e-mails, on fantasme l'amour, la vie et le retour vers l'Est. Entre comédie et constat d'une solitude contemporaine surgit le paysage d'une Odessa imaginaire. »

Soudain, au milieu de la représentation, sans préavis, une photo de Bilal est projetée sur la scène. Écran géant, gros plan. Martine, qui semble être un roc et sourit toujours en public, raconte l'indélicatesse manifeste, les larmes alors impossibles à retenir, puis sans laisser d'espace au noir reprend : « Mes voisins ont dû me prendre pour une folle ! »

À la même époque, c'est en feuilletant *L'Officiel des spectacles* que le couple découvre une programmation qui fait écho chez eux. La révolution de Jasmin est au menu du Festival (D)rôles de Printemps. Un illustrateur a reproduit les silhouettes des martyrs de la révolution qu'avait dessinées Bilal en Tunisie. Alors ils y vont, en spectateurs anonymes. Sur scène, Mourad et Martine découvrent des danseurs qui s'agitent au son du *Sacre du printemps* parmi les personnages de carton imaginés par leur enfant. C'est émouvant, mais ce qu'ils n'avaient pas anticipé, c'est de découvrir la silhouette de Bilal, érigée debout sur la scène parmi les martyrs.

Le 6 juillet 2019, la place en bas de l'immeuble de leur enfance, le mail Saint-Blaise, devient la place Bilal-Berreni dit Zoo Project. « Zoo Project était un artiste humaniste. Par ses grands personnages peints au pinceau avec la couleur noire sur fond blanc, mêlant des têtes d'animaux et des corps humains, il nous disait le monde, il nous interpellait sur la nature, sur son rapport à elle, son rapport à l'autre, à la différence. Il était radicalement pour l'intervention directe des citoyens, radicalement critique du capitalisme et de ses conséquences, radicalement pour une révolution », a déclamé la conseillère de Paris Nathalie Maquoi le 19 juin précédent, au moment de faire adopter la résolution par le Conseil de Paris, résultat d'un activisme d'une partie des élus du 20e.

Une cérémonie est organisée pour l'inauguration. Les toiles représentant les mutins dessinés à Odessa sont accrochées aux arbres verts. Au-dessus du restaurant chinois, il ne reste plus que la tête du pigeon peint par Bilal une dizaine d'années plus tôt. Le corps a été effacé par le temps. Martine, dans une jolie robe sans manches à fleurs colorées, se place au micro pour parler du rapport de son fils au street art devant la petite foule composée d'un mélange de famille, de copains d'école et d'admirateurs : « C'est l'art de la rue, mais Bilal ne voulait pas que ce soit un art uniquement réservé aux citadins, il voulait que ce soit un art vivant accessible à tous. » Puis à Mourad ensuite de s'exprimer : « Une place en son nom personnel et celui de l'artiste qu'il s'est choisi dans cette ville dite la plus belle du monde... Il doit voir cela comme un clin d'œil ultime et narquois à ceux qui l'admirent et l'aiment encore. C'est donc que Bilal, d'une façon ou d'une autre, trouve toujours le moyen de faire parler de lui. Passeur d'images inspirantes, fortes, inspirées, marquantes, pleines de sens, qui ont résonné en leur temps et qui résonnent encore, refusant jusqu'au bout de jouer le jeu de notre société qu'il ne comprenait pas ou plus. » Marwan est là, debout en apparence. Il soutient sa mère qu'il enlace, il soutient son père. Il est fier que sa « chérie », Myra Tyliann, chante d'une voix douce et brisée au micro la chanson « Freight Train » (qui évoque un train de marchandises semblable à celui emprunté par Bilal dans l'Ohio) d'Elizabeth Cotten. Il ne prend pas la parole. Que pourrait-il dire ? Que lui reste-t-il de Bilal, qui est devenu un mythe, définitivement ? Une place à son nom comme leur grand-père résistant a donné son nom à une place de Saint-Mesmin. À cette adresse du Périgord est plantée la maison de famille que Marwan a récemment pensé racheter, avant d'être freiné par des complications administratives. Mais il ne quitte jamais la chevalière de Charles Sarlandie, c'est son objet porte-bonheur. Oui, donc, que pourrait-il ajouter à tout cela ? D'ailleurs, il n'en revient pas quand il rencontre quelqu'un qui ne voit pas de quoi il parle quand il entame la discussion en demandant : « T'es au courant pour mon frère ? »

De plus en plus, Marwan veut son truc à lui. Il veut retrouver Bilal dans un face-à-face dont il imagine les contours, mais qui évolue au fur et à mesure du temps. La vérité, c'est que les années accentuent la douleur. « Ne plus pouvoir échanger avec lui me manque de plus en plus. Et puis le pire, c'est le manque physique », confesse-t-il parfois, épuisé. Après l'idée avortée d'aller rencontrer les assassins en prison à l'été 2018, il ne lâche en tout cas pas le projet de se rendre aux États-Unis sur les ruines du Brewster, comme si c'était là que son frère était encore le plus présent. Mourad et Martine ne cautionnent pas ce projet de traverser l'Atlantique. « C'est pas possible, on ne va pas encore perdre un fils », soupire sa mère. Detroit est un monstre carnivore qui ne saurait faire que cela, engloutir ses enfants. Un proche soupire en écho : « Cette idée de partir là-bas, c'est atroce. Je lui ai dit que je ne voulais même pas entendre parler de cette histoire. C'est la seule solution qu'il a trouvée pour se rapprocher de Bilal, mais c'est n'importe quoi, ça n'a pas de sens. »

Peu importe ces avertissements, Marwan est là, assis, tendu, dans le fauteuil du salon de la maison de l'Yonne. Dans la cheminée, le feu crépite, et il répète à ses parents qu'il a besoin d'aller fouler cette terre meurtrière. Il râle en regardant sa mère par en dessous : « Oh, ça va, je sais ce que tu penses, je sais que ça ne te plaît pas... » Martine lui répond : « Non, bien sûr que ça ne me plaît pas, je ne vais pas te dire le contraire ! » Mais lorsqu'il insiste, encore et encore, pour lui faire plaisir elle lui promet : « OK, si tu veux vraiment y aller, on t'accompagnera. » En vérité, ses parents ne voient pas l'intérêt. Ils se disent : « Qu'y a-t-il à apprendre là-bas qui pourrait nous aider ? » C'était un meurtre gratuit, pour rien, comme ça, bam. Il n'y a pas de mystère. L'identité des assassins n'est pas leur affaire, voilà. « Si ce n'est pas eux, c'en est d'autres ! » tempête Mourad, manière de dire que ça ne change rien à l'affaire. Le procès ne leur a pas manqué. Aucune explication ne pourrait justifier les faits. Le couple a suffisamment à faire pour vivre, c'est une œuvre colossale de parvenir à être heureux, alors pourquoi entraver le processus ? Marwan, c'est une autre affaire. Pour lui permettre de changer d'air, ils emmènent leur fils en vacances chaque Noël, quelques jours, à Lisbonne ou bien à Barcelone. Mais l'aîné est en boucle face à ses parents impuissants. Bilal, Detroit, le procès, les « pseudo-tueurs », le pardon. Les échanges deviennent tensions. Quand il s'énerve, il s'en va tout seul faire un tour dans la ville inconnue. Parfois même, il largue. Un jour, dans un autre pays encore, comme si les voyages devaient impliquer une violence, il abandonne un pote sur une aire d'autoroute. Les deux étaient en désaccord pour une broutille et Marwan s'est fâché fort. Il a démarré, filé tout droit dans la nuit, laissant l'autre interdit, la pompe à essence à la main. Il est revenu calmé au bout de trois quarts d'heure. « Je suis tellement désolé », s'est-il excusé. Une autre fois, une copine l'a cherché une bonne partie de la nuit dans une ville en bord de Méditerranée. Elle l'a retrouvé allongé sur la plage, armé de la solide volonté de dormir sur le sable, seul avec ses pensées.

Ils sont nombreux, ses parents, ses amis, à lui dire de regarder vers l'avenir, parce que c'est là qu'est la lumière. Ils argumentent : « Les assassins, tu vas te retrouver face à eux et puis quoi ? » « Tu vas leur dire quoi ? » « Ça change quoi que ce soit les bons ou les mauvais mecs en prison ? » « Imagine que tu arrives avec un discours de compassion et qu'ils te répondent que c'était bien fait pour ton frère ? Ça te détruirait. » « Ça ne ramènera pas Bilal. » Combien lui répètent avec douceur pour ne pas le braquer, pour ne pas le brusquer, pour ne pas le briser : « Ce serait une bonne idée que tu ailles voir un psy. » Invariablement, Marwan rétorque : « Tu ne peux pas comprendre, tu ne peux pas me comprendre. » Et lorsqu'ils insistent, encore et encore, il répond parfois, pour qu'ils le lâchent, qu'il va « voir quelqu'un », comme on dit. Sans y aller vraiment. Un psy ? Oui, c'est la solution évidente, il faut parler, expulser, se faire aider. Encore faut-il le vouloir.

Alors débarque Ira Todd à Paris. Oui, Ira, il veut bien l'écouter. En même temps, Ira en impose. Le flic qui a bouclé l'enquête sur l'assassinat de Bilal arrive du Michigan début 2020 pour des vacances. Il n'a jamais oublié cette histoire. D'ailleurs, Detroit n'a jamais oublié cette histoire. En 2016, lorsqu'Ira a imaginé rendre son insigne pour se lancer en politique, voilà comment le journal local *Deadline Detroit* démarrait son article : « Depuis plus de trente ans, Ira Todd résout les crimes les plus médiatisés de Detroit.

Il est crédité d'avoir aidé à enfermer quatre personnes impliquées dans le meurtre d'un artiste de rue français, Bilal Berreni, 23 ans, près des tours du Brewster-Douglass en 2013. » C'est donc le jeune street artist qui fait office de trophée pour toute une carrière, avant une palanquée d'autres succès, des types arrêtés, mais surtout des innocents graciés. Car Ira a fait un combat de sauver les *wrong men*, lui-même ayant été accusé à tort de meurtre en 1993. « C'est pas n'importe qui, c'est un grand monsieur », se rassure Martine.

Le 12 janvier 2020, Marwan et Myra ont donc rendez-vous avec le policier à La Mezcaleria, un bar niché dans un hôtel du quartier de République à Paris. Le comédien baragouine vaguement quelques mots d'anglais, sa compagne est bilingue. Il lui a demandé de venir jouer les traductrices et elle l'a suivi de bonne grâce, même si leur relation est en bout de course. Marwan a neuf ans de plus que Myra, il l'a toujours encouragée dans ses projets et a accompagné son rêve de devenir chanteuse. Il a même réalisé un de ses clips. Dix-huit mois d'amour au cours desquels la jeune femme s'est vue grandir d'un coup. « Il a planté en moi un million de bonnes graines », pense-t-elle. Alors s'il a besoin d'aide, elle y va.

Le couple patiente dans l'un des profonds canapés en cuir marron qui meublent ce *speakeasy* intimiste lorsqu'Ira débarque. Marwan se dit soufflé par son « aura ». Quand le flic américain traverse la salle avec sa grande carrure, tout le monde s'arrête de parler pour le suivre des yeux ! La discussion s'enclenche autour de quelques cocktails, comme s'ils s'étaient toujours connus.

Marwan a enfin en face de lui une part concrète de Detroit, une part en chair et en os, il peut la toucher, il peut entendre sa voix, elle émerge des entrailles de la ville américaine pour jaillir dans la bouche d'Ira. Enfin, cette voix peut lui offrir plus clair que des échos lointains et le bruit de la rumeur, lui apprendre plus que les lignes vides de sens sur le procès parues dans la presse locale. Ira a vraiment enquêté pour retrouver les assassins de Bilal. Il a tenté de soutenir leurs regards perdus, il est sûrement parvenu à lire une vérité dans leurs orbites vitreuses. Alors Marwan le croit lorsque le policier dit : « Ce sont eux qui ont tué Bilal. » Et il lui pose en rafale toutes les questions qui lui serrent le cœur depuis sept ans. Surtout celle-là : « Que s'est-il vraiment passé ? »

D'abord, Ira lui explique que le corps de Bilal était fracturé en de nombreux endroits. Marwan ne le savait pas. Mourad et Martine non plus. En tout cas, aucun des trois n'avait retenu cette information, c'est comme si elle n'était pas parvenue jusqu'à eux, leurs cerveaux n'en avaient pas la conscience. Est-ce en raison de la barrière de la langue ou d'un blocage de leur esprit, ils ne savent pas bien. Et donc, pourquoi le corps de Bilal était-il ainsi blessé ? Personne ne le sait vraiment. Les gamins n'ont pas raconté tous les détails de l'assassinat. Les flics ont dû se débattre avec des hypothèses. Ils ont dans un premier temps pensé que la scène du crime avait pu se dérouler dans un étage élevé du Brewster, voire sur un toit, que Bilal était tombé de haut après avoir reçu la balle.

Mais le policier dit que cette théorie n'a pas tenu la distance. Avec son équipe, ils ont ensuite pensé que Bilal avait peut-être été tué en bas des tours et que les ouvriers préparant le terrain pour la destruction imminente et totale du Brewster Projects avaient pu, sans le voir, l'abîmer en déplaçant des gravats. Enfin, Ira arrive à leur piste privilégiée. Le scénario qui leur semble le plus crédible, toutes constatations médico-légales et tous éléments de l'enquête confondus, est que Bilal a été tué ailleurs dans Detroit. Pas en bas des tours, pas en haut non plus. Quelque part dans la rue. Voilà ce qu'explique l'enquêteur à Marwan : après avoir tiré sur son frère, les assassins ont sans doute voulu s'échapper en voiture. Ils ont alors percuté le corps de Bilal dans leur fuite, ils ont peut-être même roulé dessus, avant de décider de le charger dans le véhicule et l'ont déposé là où il a été retrouvé, dans une imbécile et tragique volonté de brouiller les pistes.

Malgré ce sombre récit, Marwan sort soulagé de ce moment. Enfin, il dispose de quelques informations concrètes. Et il est surtout emballé par Ira. Le lendemain, il raconte à son ami David : « Il est génial, ce mec, tu ne te rends pas compte. Ce serait super que tu le rencontres ! » Marwan et Ira vont rester en contact étroit, échangeant des mails régulièrement pour se raconter leur routine. Marwan va dès lors presque totalement abandonner la thèse de l'erreur judiciaire. Mais pas l'idée de se rendre aux États-Unis sur les traces de Bilal.

Deux mois plus tard, le Covid-19, venu de si loin, est désormais partout. Là, là et là aussi. Ce virus qui tue va contraindre tout le monde à l'enfermement et à l'introspection qui souvent en découle. Le 16 mars 2020, le président de la République Emmanuel Macron annonce le confinement dans un discours tout aussi historique que lunaire au vu des consignes délivrées : « Les regroupements extérieurs, les réunions familiales ou amicales ne seront plus permises. Se promener, retrouver ses amis dans le parc, dans la rue, ne sera plus possible. » Pas fait pour tout le monde. Et même un calvaire pour beaucoup. Marwan, qui vient de se séparer de Myra, ne peut pas rester seul, c'est comme ça. Personne ne l'a d'ailleurs connu célibataire très longtemps. Dans les premiers jours du confinement, lors d'une discussion en visioconférence avec un groupe de potes, comme c'est devenu la mode en un instant, il repère une fille qu'il n'a jamais vue. Quelques messages échangés avec elle plus tard, l'inconnue débarque dans la maison de Fuissé. C'est déjà ça, se dit-il, de la compagnie. Mais ça ne suffit pas. Marwan a besoin de prendre l'air, de bouger, de courir, de sortir, de voir plus loin que demain. C'est le cas pour beaucoup, bien sûr, mais c'est une ardente nécessité lorsqu'il s'agit de se fuir soi-même. La période est à se taper la tête contre les murs.

Au mois de juin, à l'heure d'un vague retour à la normale, le tournage de *Plus belle la vie* reprend et une certaine forme de routine avec, mais l'espace-temps entre les jours sombres de Marwan s'est considérablement réduit. Sur le plateau, l'heure n'est plus vraiment à la fête. « Il est souvent tendu, fatigué, pas bien. C'est beaucoup moins drôle, il ne s'éclate plus vraiment, il ne prend plus de plaisir », raconte un collègue. En plus, sa relation avec sa nouvelle compagne n'est pas bien vue par sa famille et ses amis. Ils pensent unanimement qu'elle profite de lui, de son argent, de sa gentillesse, de son temps. Qu'elle a une mauvaise influence en somme. Marwan prend du poids, leur semble atone et perd de sa joie.

De plus en plus, quand il boit trop, il dit que la vie n'en vaut pas forcément la peine. Pas tant que ça en tout cas, qu'on peut toujours en profiter et se retirer pas trop tard. C'est peut-être pas si mal, après tout ? Marwan philosophe ainsi : « Il vaut mieux une vie courte et belle qu'une vie longue et casse-pieds. » Il rumine pas mal, il s'engueule avec du monde et pour pas grand-chose, ça fait du bruit. Une fois, une intervention des forces de l'ordre pour tapage nocturne lors d'une soirée chez des amis à Saint-Paul-de-Vence filtre dans la presse. À l'arrivée des gendarmes, l'acteur, « blessé à la tête et manifestement alcoolisé », racontera le journal local, était agressif et insultant. Il a fini la nuit en garde à vue. Quand il boit trop, il lance des débats avec ses amis, il déroule ses arguments et n'écoute pas la contradiction. Il parle fort, prend toute la place, brasse de l'air, les épuise. Ses interlocuteurs tentent de trouver un chemin vers le dialogue, en vain, le plus souvent. Un mot à la machine à café, au resto, et alors ils osent : « Essaie d'être moins véhément. »

Un jour, Marwan jette une canette et puis ses mégots calcinés par la fenêtre de sa voiture qui trace sur une route de vacances. Sur le siège passager, un pote le sermonne : « Fais attention quand même, c'est pas cool pour la planète. » Il a raison le copain, ce serait bien de la préserver pour la suite, pour l'avenir, pour les générations qui viennent. « Mais quel avenir ? » rétorque Marwan. Il lui dit qu'il s'en fout, de l'avenir. Et ajoute : « On est tous foutus de toute façon. » Par « tous », il veut dire nous, les êtres humains, et l'humanité dans son ensemble. Il lui fait remarquer que l'homme va mourir de la main de l'homme, au cas où il n'aurait pas compris. Que la planète va brûler ou bien exploser, on verra bien. Seule certitude, nous sommes la cause de l'embrasement. Et à l'issue du brasier, il ne restera plus rien. C'est bientôt fini, tu vois, il explique, on avait qu'à réfléchir avant de faire la guerre, avant de construire à tout va, avant de surconsommer des produits inutiles, avant de polluer, avant de tout gâcher. C'est bien fait pour nous. Marwan note aussi que « les pieuvres, elles, elles ont appris à vivre avec les déchets, elles savent composer ». Et ça, il admire. Et puis il conclut, mais pas seulement ce jour-là : « De toute façon je m'en fous de tout et de tout le monde, sauf de mes parents. » Sur son bras, il a fait tatouer le mot « *Saudade* », inspiré de sa chanson préférée, « Sodade », de Cesaria Evora. « *Saudade* » est un mot portugais intraduisible en français, pour évoquer un sentiment qui saisit Marwan si fort et si souvent, et dont la meilleure définition est peut-être cette citation de Victor Hugo, l'un des auteurs préférés de Mourad : « La mélancolie, c'est le bonheur d'être triste. »

Le début de l'année 2022 s'écoule à Marseille au rythme des rumeurs. Il paraît que France Télévisions voudrait mettre un terme à *Plus belle la vie*. La concurrence se fait de plus en plus rude, pléthore de shows du même acabit ont fleuri ces derniers temps. Il y a *Demain nous appartient*, *Ici tout commence*, *Un si grand soleil*. Les audiences de la pionnière ne sont pas ridicules mais elles n'ont plus rien à voir avec ses heures de gloire, et puis les intrigues tournent un peu en rond. Le 17 février, un article publié par *Le Figaro* l'affirme : « La série *Plus belle la vie* va s'arrêter définitivement. » Le Mistral l'apprend comme tout le monde, par la presse, alors c'est forcément un choc pour les comédiens, dont certains n'ont jamais connu autre chose. Beaucoup préfèrent ne pas y croire. Mais Marwan relativise. Après tout, pourquoi pas finalement ? En 2009, il ne s'y voyait pas rester plus d'un mois par crainte de s'enfermer dans un rôle. Treize ans plus tard, il est peut-être temps de baisser le rideau sur cette aventure, philosophe-t-il. En mai, France 3 confirme que *Plus belle la vie*, c'est fini. Il reste quelques mois à tirer, la dernière diffusion est prévue pour le 18 novembre 2022, au bout de 4 665 épisodes, 29 prime times, qui ont fait évoluer plus de 3 000 personnages. La fin est intense, joyeuse et triste à la fois, rien que de très normal. Le dernier jour de tournage est une fête à l'écran et dans la vie. Abdel Fedala se retire en beauté, il retrouve Barbara Évenot, enceinte de son bébé après treize ans d'un amour souvent contrarié. Sur la place du Mistral baignée des larmes des comédiens, il danse, enivré, comme tous les autres, sur le tube de Sinsemilia : « On vous souhaite tout le bonheur du monde et que quelqu'un vous tende la main, que votre chemin évite les bombes, qu'il mène vers de calmes jardins. On vous souhaite tout le bonheur du monde, pour aujourd'hui comme pour demain. Que votre soleil éclaircisse l'ombre, qu'il brille d'amour au quotidien. »

Marwan est au chômage pour la première fois de sa vie. Il en profite, il voyage, la Côte Basque, l'Espagne. À chaque personne qu'il croise, des inconnus souvent, parfois des touristes qui ne connaissent même pas Abdel, il parle de Bilal. C'est de plus en plus souvent, c'est de plus en plus fort. « J'ai perdu mon frère, il a été assassiné », il raconte et confie : « J'ai perdu une moitié de moi que je ne retrouverai jamais, je ne suis plus complet. » Et loue encore : « C'était un artiste, il avait tellement de talent. » Le street art et le meurtre, et sa détresse, et son mal-être. Il ne cache plus rien, il ne fait plus semblant que ça va.

De plus en plus, quand il boit trop, et c'est de plus en plus souvent, il dévoile sa rage, il pleure sa tristesse et soupire sa fatigue.

Marwan a démarré, au cours de cette année 2022, une histoire d'amour avec une comédienne de *Plus belle la vie*, Marylou Salvatori. Les yeux bleus translucides de sa nouvelle compagne s'émerveillent : Marwan « est un cœur », « c'est le meilleur ». Un mec attentif comme elle n'en a jamais connu. « J'ai à peine le temps d'éternuer qu'il m'amène la boîte de mouchoirs. À peine le temps de dire que j'ai faim qu'il me prépare à manger, à peine le temps de dire que j'ai soif qu'il me sert à boire », elle n'en revient pas. Elle aussi parle d'un garçon « solaire », « joyeux » et « festif ». Trop festif. Marylou, douce et empathique, le perce vite à jour. Elle n'est pas dupe de sa joie surfaite, de ses exaltations à l'emporte-pièce. Elle le trouve « éteint », dans le fond. Parce qu'elle le voit souvent si mal. Alors, en amoureuse, elle veut l'aider à trouver l'apaisement. Pour commencer, il doit arrêter de picoler, terminés les *shooters*, la petite bière, la bouteille de Havana Club à portée de main, le premier verre qui en entraîne souvent de nombreux autres. Car c'est lors des soirées trop arrosées que les « crises » sont les plus fortes, que le souvenir de son frère le submerge, que Marwan finit systématiquement par menacer : « Je vais rejoindre Bilal. »

Pour elle, il tente de décrocher, vraiment. La soirée du 31 décembre 2022, il n'avale pas une goutte d'alcool, et dans les semaines qui suivent il parvient à enchaîner une semaine de sobriété, puis deux puis trois. Marwan se fait aider par des professionnels de l'addiction, découvre la bière 0° et la *ginger beer*. Aux parenthèses enchantées à deux dans la maison de Fuissé succèdent toujours des rechutes et les « crises » sont de plus en plus sombres. À la fin du mois d'avril 2023, le couple s'envole pour la Guadeloupe avec la famille de Marylou. Ni le soleil qui tape ni les eaux turquoise ne permettent à Marwan de trouver ce foutu apaisement. Bien au contraire. Nouvelle crise, Marylou s'épuise. La vie à deux devient impossible, bientôt ils se sépareront.

Au début de l'année 2023, Marwan a entamé des essais pour une série dont le tournage doit démarrer à l'automne et qui sera diffusée sur France 2. Elle s'appellera *Tom et Lola*. Le rôle de Tom, il le veut, d'autant plus que c'est déjà acté, Lola sera jouée par Dounia Coesens. Malgré quelques retours en guest-star, comme on dit, son amie a quitté *Plus belle la vie* il y a de nombreuses années déjà et a depuis enchaîné les premiers rôles dans des téléfilms et autres séries à succès. Elle a sa petite renommée dans le milieu et a été choisie sans avoir face à elle de concurrence. Marwan doit, lui, enchaîner les tours de casting, mais il encaisse et bosse dur. Il engage un coach pour l'entraîner avant chaque tour, s'assurant que rien ne soit laissé au hasard. S'installer avec Dounia au soleil de la Seyne, tourner ce scénario : « Deux amis de longue date, flics avec des méthodes très opposées, se retrouvent colocataires avec leurs ados respectifs. Ils vont intégrer la même brigade à la PJ » ; c'est ça qu'il veut. Dans le même temps, il apprend que TF1 a racheté les droits de *Plus belle la vie* et s'apprête à rallumer les lumières du Mistral. La nouvelle société de production, Newen Studios, lui déroule le tapis rouge. Elle le désire, affiche la tête de Marwan en poster dans ses bureaux. Abdel est même la star de la bande-annonce dévoilant la reprise alors même qu'aucun contrat n'est encore signé. Réenfiler le costume de l'avocat mi-vertueux, mi-véreux, ce ne serait pas si terrible, bien sûr. Ce serait même facile, confortable. Il retrouverait Barbara, le bébé, et tous les autres. Il y a pire, il est heureux, vraiment, de se voir dans la vidéo de présentation. « Ça fait du bien à mon ego, souffle-t-il, et encore : Si je dois retourner sur *Plus belle*, c'est OK, c'est bien. » Cet enthousiasme factice ne convainc plus les connaisseurs. Quand Marwan répète dix fois dans la même phrase que ça va, c'est plutôt suspect ces derniers temps.

Le rôle de Tom lui échappe. Il l'apprend au début du mois de juillet. Le coup est rude. Les proches de Marwan peinent de plus en plus à le voir. Dans les soirées, il ne fait plus que passer, contrairement à ses anciennes habitudes, quand il achevait la fête au petit matin par le dernier plongeon dans la piscine et le premier croissant. C'est fini, ça. Oh, bien sûr, il promet encore et toujours qu'il va se lancer dans des projets pas possibles. Il semble y croire de moins en moins. Ses potes disent s'être habitués à son mal-être. Ils savent qu'il est là, toujours avec lui, en bandoulière comme son sac banane. D'autant qu'en Marwan une colère fait rage avec de plus en plus de force, à cause de cette fichue date qui s'avance. Elle lui tord déjà les entrailles et s'apprête à déchirer l'été. Le 29 juillet, cela fera dix ans que le corps de Bilal a été retrouvé dans les ruines du Brewster. Cet « anniversaire » sonne le tocsin.

À la mi-juillet, il y a ce voyage aux Philippines qui s'annonce. Le comédien hésite un peu avant d'y aller mais décolle, ça lui fera du bien. En habitué des bonnes œuvres, il a accepté d'être ambassadeur du fond des océans pour l'association Objectif Atlantide. Au programme de l'excursion, plongée sous-marine parmi les poissons colorés et tentative de déconnexion. Dounia le rejoint là-bas, mais le comédien est essoré, tendu, à bout. Ces quelques jours n'ont rien de vacances rêvées. Marwan est de retour à Fuissé plus tôt que prévu, pour la dernière semaine du mois de juillet.

L'accident

La nuit s'avance et Sandra, 37 ans, s'apprête à traverser la rue du Kilomètre 400, au milieu d'une zone industrielle sans âme qui ressemble à toutes les zones industrielles des villes moyennes de France. Une succession de salles de concert, de ronds-points, de restaurants de passage, de ronds-points, d'immeubles de bureaux, de ronds-points. Ici, Le Spot, la Fish brasserie, le centre d'affaires du Val-de-Saône.

Ce 3 août 2023, la jeune femme brune rentre au camping municipal de Mâcon où elle loge temporairement. Son appartement est insalubre : un macchabée a pourri durant des mois dans son immeuble, l'odeur est tout simplement insoutenable et le relogement promis par son bailleur ne vient pas. Sandra rapporte du centre-ville des kebabs à partager avec ses voisins de tente. Presque arrivée à destination, elle décide de prendre un chemin qui est en réalité un détour. La jeune femme veut éviter de passer devant l'entrée du Club 400, une boîte de nuit en vogue de Mâcon qui dispose de plusieurs salles, plusieurs ambiances. Techno dance, zouk, reggae, R'n'B ou années 1980-1990. Les abords de ce lieu festif sont toujours agités. Il y a deux ans, un homme de 22 ans a même perdu la vie ici, percuté par un chauffard ivre. Alors, Sandra fait attention, surtout qu'elle tient en laisse son petit yorkshire, Fripouille, qui a tendance à aboyer pour rien.

Le passage piéton qu'elle choisit d'emprunter, à l'angle de l'avenue Pierre-Bérégovoy et de la rue du Kilomètre 400, est situé à cinq cents mètres de l'entrée de la boîte de nuit et des lampadaires éclairent suffisamment la voie pour qu'elle se sente libre de s'engager. Elle a bien repéré un genre de 4 × 4 stationné non loin, mais apparemment sans danger. Sandra s'élance. Il est exactement 23 h 10. D'un coup, les phares de la grosse voiture s'allument, elle démarre en trombe au point que les pneus crissent. Et la percute. S'arrête. Repart en lui roulant dessus. Fripouille avait pris de l'avance sur sa maîtresse, il a eu le temps de traverser et le voilà qui sautille avec sa laisse autour du cou en direction du camping. Sandra est rapidement prise en charge par les pompiers, la caserne est située juste à côté. Arrivée au centre hospitalier Les Chanaux, à Mâcon, consciente mais physiquement détruite, elle entend une infirmière s'étouffer : « Elle a une trace de pneu sur le corps. » Du cambouis sur le bassin. Le lendemain, une ITT de vingt-huit jours lui est délivrée. Sandra a treize fractures aux côtes, à la clavicule et au plancher pelvien. Un pneumothorax et des lacérations au foie et aux poumons. Une légère hémorragie abdominale. Elle va passer cinq jours en réanimation. Lorsque la grande blessée recouvre ses esprits, elle s'imagine d'abord qu'elle a été visée spécifiquement. C'est obligé, sinon pourquoi quelqu'un lui foncerait dessus comme ça, sans raison, dans la nuit ? « C'est comme si on m'attendait, pense Sandra. C'est une vengeance. » Forcément une vengeance. Lui revient en tête cette vieille affaire de stups dans laquelle elle avait témoigné. Ceux qu'elle a balancés ont dû la retrouver.

Les hommes du commissariat de Mâcon entrent alors en scène, avec à leur tête le capitaine de police Ange Lhadi. Lunettes épaisses et barbe de trois jours, l'homme affiche des traits fatigués. Il se remet à peine des émeutes urbaines du mois de juillet. Le feu est parti de Nanterre, après qu'un policier a abattu le jeune Nahel, 17 ans, au volant de sa voiture à la suite d'un refus de contrôle. Durant des jours et des jours, un peu partout en France, la jeunesse a pris la rue à la nuit tombée pour hurler sa colère. Les flics ont vu voler sur eux tirs de mortier d'artifice, pierres et cocktails Molotov, un niveau de violence jamais atteint en Saône-et-Loire, se disent-ils. Fin août, le ministre de l'Intérieur Gérald Darmanin viendra en personne accrocher au veston d'Ange Lhadi la médaille de la Sécurité intérieure, ainsi qu'à ses collègues policiers, gendarmes et pompiers en première ligne dans le coin. Mais en attendant les honneurs, il faut bien se pencher sur cet étrange accident de la rue du Kilomètre 400. Et répondre à cette question : pourquoi cette voiture a-t-elle foncé sans raison sur cette femme ? Sur les lieux, les enquêteurs ramassent des débris qui leur permettent de déduire qu'il s'agit d'une Mercedes GLK. Les caméras de vidéosurveillance de la ville ont filmé l'accident, mais les images ne sont pas de très bonne qualité. Il est totalement impossible en les visionnant d'identifier le conducteur. Mais les films permettent au moins de confirmer la version de la dizaine de témoins, principalement des jeunes qui se rendaient au Club 400. Celle d'une scène d'une violence inexplicable.

Le 5 août, les gendarmes signalent une voiture en tout point similaire à celle impliquée dans l'accident. Elle est abandonnée sur une route de campagne, le long des vignes, au lieu-dit Le Vivier, à Fleurie, à environ une demi-heure de Mâcon. Elle présente des dégâts correspondant aux débris retrouvés sur le carrefour. L'avant gauche du bolide est enfoncé. À l'intérieur, parmi un bazar du quotidien, des vêtements et des emballages alimentaires, des documents affichent le nom de Marwan Berreni. Ce dernier a été verbalisé il y a peu de temps au volant de ce véhicule pour défaut d'assurance. Les enquêteurs identifient rapidement que c'est le patron d'une concession des Alpes-Maritimes qui le prête à Marwan. Il s'appelle Emmanuel Tudela. Les deux hommes se connaissent bien depuis que le comédien lui avait confié une voiture il y a quelques années. Interrogé, le mécano leur raconte qu'il lui avait d'abord prêté une Smart puis cette Mercedes à partir de novembre 2022. Devenu son pote, il ajoute qu'il a vécu de « très bons moments » avec lui, dont il « connaissait les démons depuis le décès de son frère » : « C'est quelqu'un de très attachant, avec un grand cœur. Quelqu'un aussi qui a besoin d'être canalisé[1]. » L'analyse de la téléphonie mobile et des radars appuie pour les enquêteurs l'hypothèse selon laquelle Marwan était au volant. Problème, il est injoignable. Son portable est coupé.

Le 8 août, à 7 heures du matin, *Le Journal de Saône-et-Loire* publie un premier article relatant simplement l'accident : « Gravement blessée après avoir été renversée par un 4 × 4. »

Dans la matinée, du côté de l'Yonne, Mourad et Martine franchissent la porte de la gendarmerie de Sens. Cela fait quatre jours qu'ils n'ont aucune nouvelle de leur fils, c'est inhabituel. Et c'est inquiétant tant ils savent qu'il ne va pas bien ces derniers temps. Mais ils n'ont à ce moment-là aucune idée de ce qui s'est passé aux abords du Club 400. Peu après 16 heures ce jour-là, la police débarque dans la maison de Fuissé. Il n'y a

[1] Adrien Wagnon, « Affaire Berrini : "Je prêtais ce véhicule à Marwan depuis près d'un an" », *Le Journal de Saône-et-Loire*, 16 octobre 2023.

personne. Le lendemain matin, le même *Journal de Saône-et-Loire* avance : « Jeune femme fauchée par un 4 × 4 à Mâcon : un acteur de *Plus belle la vie* recherché ». Le 11 août, le procureur de la République de Mâcon, Éric Jallet, ouvre une information judiciaire pour blessures involontaires avec délit de fuite. Elle ne vise personne en particulier. Un juge d'instruction est saisi.

Le 13 août, depuis son lit d'hôpital, Sandra, qui a découvert dans la presse la possible implication de Marwan Berreni, dont elle n'a jamais entendu parler tout comme elle n'a jamais vu un épisode de *Plus belle la vie*, écrit sur la page Facebook de l'acteur : « J'ai besoin de réponses pour me permettre de me rétablir et d'avancer, rends-toi à la police pour qu'il puisse t'entendre sur les faits. Si c'est vraiment pas toi, pourquoi ne pas donner signe de vie depuis ce jour ? »

Ce texte, elle l'a écrit en commentaire sous la dernière photo postée par Marwan sur les réseaux sociaux. Il s'agit d'un Polaroid pris au mois de mai 1992, où il apparaît, à 3 ans et demi, chevauchant un petit vélo rouge à roulettes. Cramponné à lui, Bilal, 2 ans, pull à grosses mailles jaunes et jogging gris, tourne la tête vers l'objectif, les yeux plissés par un sourire à s'en décrocher la mâchoire. À déchirer le cœur.

Le 3 août 2023, 18 h 30. Marwan est chez lui, à Fuissé, dans sa maison aux volets de bois dans lesquels sont taillés des cœurs. Au téléphone avec Sophie, son agent, celle qui lui trouve des castings et lui négocie ses contrats, la conversation roule sur le retour de *Plus belle la vie* sur les écrans. Il se demande s'il doit signer pour du court ou pour du long terme. Ce sont toujours les mêmes questions. Faut-il se fondre dans un moule qu'il connaît par cœur ou se contraindre à prendre des risques pour faire évoluer sa carrière ? Il hésite, il dit qu'il est content de reprendre *Plus belle la vie*, mais il n'a pas non plus envie de prendre perpète au Mistral. Les derniers mois ont été difficiles. Les projets, le boulot, les voyages, les soirées, les amis, l'amour, ses parents, plus rien ni personne ne parvient à combler le vide creusé par l'absence de Bilal. À Sophie ce jour-là, et aux autres la veille et l'avant-veille et encore le jour d'avant, il jure pourtant qu'il va se reprendre en main. « Je me mets au vert », lance-t-il à la cantonade depuis qu'il est rentré des Philippines. Ils doivent comprendre par là qu'il arrête l'alcool pour de bon cette fois, qu'il se remet au sport, qu'il va faire de la muscu. Il s'est même offert une montre connectée, c'est dire ! Pour rassurer ses proches, il surjoue l'engouement. Comme souvent, bien sûr que ça se sent, que ça se voit qu'il en rajoute. Mais tout le monde a envie d'y croire, alors… À 19 heures, Marwan raccroche et monte dans la Mercedes que lui prête depuis presque un an Manu, son ami concessionnaire automobile. Il a rendez-vous avec quelques proches du coin dans un café-restaurant où il a ses habitudes.

Au programme, ce soir-là, c'est un apéro-concert. Le trajet n'est pas long vers La Marmite de l'Échanson. Il doit prendre à droite en sortant de chez lui, descendre vers la sortie de Fuissé par la route qui serpente entre les vignes, se diriger vers la colline, grimper à travers les arbres et redescendre de l'autre côté. Des vignes encore à perte de vue, l'énumération des villages à la ronde ressemble au programme d'une très chic soirée de dégustation de vins : Saint-Véran, Saint-Amour, Pouilly, Vinzelles. À un mois des vendanges, le paysage est verdoyant, feuillu, les grappes de raisins verts et noirs s'épanouissent sous le ciel d'été, dans la chaleur du mois d'août. Sur la place de la mairie à Leynes, l'ambiance est à la fête. C'est « la Bourgogne du soleil » ici, est-il écrit sur une pancarte au milieu de la place. Pour l'occasion, les tables débordent largement de la terrasse en teck, le guitariste et son chanteur diffusent leurs airs par l'enceinte de fortune installée dans un coin. Marwan se sert au bar, il propose au patron de lui payer un verre et revient s'asseoir avec ses potes. Il trépigne un peu, il a envie de faire la fête, de danser, d'en découdre. Sans doute de boire un peu trop aussi, pour s'éloigner de ses pensées, encore. Il arrêtera plus tard, finalement. Au bout d'une heure, l'un de ses amis lui fait comprendre qu'il devient pénible. Marwan se vexe, dit qu'il est fatigué et qu'il veut rentrer. Il part sans dire au revoir. Retour dans la Mercedes. Et sur la route vallonnée, la colline, Fuissé. Il repasse sans doute chez lui pour se changer, imaginent ceux qui connaissent sa coquetterie. Il repart aussitôt, cette fois pour une route plus longue. Une bonne vingtaine de minutes en direction de Mâcon. Il décide d'aller chercher de l'ambiance dans une discothèque dont il connaît bien le patron.

Sur le chemin de leur retour, ses amis de l'apéro-concert passent devant chez le comédien et remarquent que sa voiture n'est pas là. L'un d'eux prend son téléphone. Il est 22 h 30. Il appelle Marwan qui décroche et promet, toujours avec ce satané ton enjoué : « Je suis au Club 400, je passe une super soirée ! » Une demi-heure après, Marwan n'est plus dans la boîte de nuit et sa voiture percute Sandra.

Après le choc, le comédien roule au hasard. À quoi pense-t-il ? À ses parents, à sa carrière ? À Bilal ? À ce que lui a dit Ira Todd ce soir de janvier 2020 à La Mezcaleria ? Que son frère s'est sans doute fait rouler dessus, pile dix ans plus tôt, par quatre gamins paumés qui venaient de lui tirer dessus ? Et lui, que vient-il de faire ? Jamais Marwan ne ferait de mal à une mouche. Que s'est-il passé ? Comment va la personne qu'il vient de percuter ? Mais a-t-il seulement percuté quelqu'un ? Dans les heures qui suivent, il agit sans logique, s'arrête au drive d'un McDonald's pour grignoter au milieu de la nuit, et finit par abandonner la Mercedes le long des vignes. Au petit matin, Marwan appelle le patron du Club 400. Ce dernier racontera plus tard que le comédien lui aurait dit, paniqué, qu'il avait peur d'avoir « renversé un chien ». Il lui aurait répondu : « Non, c'est une femme et elle est dans un sale état, il faut que tu rentres. » Dès lors, abattu, Marwan marche sans but précis au milieu des vignes, sur des chemins de terre, le long des routes. Il devient vagabond en baskets blanches, jean noir, chemise bleue à fleurs sur un débardeur blanc, sa banane en bandoulière, ses lunettes de soleil aux verres roses tombant sur le nez, barbe de plusieurs jours. Depuis Fleurie où il a laissé sa voiture cabossée, il se dirige vers Romanèche-Thorins, une heure à pied sans compter les détours propres à l'errance. En bordure de cette commune, il le sait, est planté le Touroparc Zoo. En été, c'est un vaste parc d'attractions, espaces de loisirs, espaces aquatiques, musées, et surtout, donc, un zoo. Il y a des lions, des lémuriens, des pandas roux, des flamants roses, des rhinocéros. Marwan y fait une pause, le temps de recharger son téléphone portable. À la mi-journée, il entre dans un PMU, achète une bouteille d'eau et quelques jeux à gratter. Pendant tout ce temps, le comédien envoie des messages à certains qu'il aime et qui n'ont aucune idée du périple dans lequel il s'est lancé. Des vidéos de chats mignons à l'une, une réponse à un paysage magnifique qu'une amie lui a envoyé de ses vacances au bout du monde. « C'est si beau », il écrit. Et même des déclarations d'amour.

Il est 14h45, ce 4 août. Jean-Luc et Aurélie, qui résident dans le petit village de Corcelles-en-Beaujolais, encore une heure à pied de Romanèche, rentrent chez eux en voiture. Ils pénètrent dans le village par une petite route départementale, la D119 et abordent un virage suffisamment serré pour qu'ils soient obligés de ralentir. Aurélie est une inconditionnelle de *Plus belle la vie* et reconnaît immédiatement le jeune homme en tenue estivale qui émerge soudain d'un chemin de terre qui n'est habituellement utilisé que par des tracteurs pendant les vendanges. « C'est Abdel ! Qu'est-ce qu'il fait là ? » s'écrie-t-elle. Le couple sait que Marwan vit à Fuissé, Aurélie a fait des recherches lorsque la presse locale s'était fait l'écho de la participation de son héros à quelques vide-greniers. Il marche la tête un peu baissée, la mine apparemment chiffonnée. Le couple hésite à s'arrêter, Jean-Luc demande à son épouse : « Tu veux faire un selfie avec lui ? » Mais non, Aurélie a peur de paraître ridicule, elle n'est pas une groupie comme une autre, une fan hystérique qui s'agripperait à sa chemise comme une désespérée. Ils tracent. Dans la voiture, tout de même, ils se disent que chez Marwan, c'est le pays de la roche de Solutré et que c'est largement plus joli que par ici. Fuissé, c'est la Saône-et-Loire, Corcelles, le Rhône. Au-delà de l'esthétique, même la réputation du vin n'a rien à voir. Chez Marwan, les vignerons pressent le mâcon, le pouilly-fuissé, le pouilly-clissé, le pouilly-vinzelles, essentiellement du vin blanc, souvent des grandes appellations aux belles étiquettes. Ici, au pied du mont du Beaujolais, se disputent treize crus, du rouge, du blanc, du rosé. La région a moins bonne réputation à cause du beaujolais nouveau. « Le beaujolais, c'est le truc qu'on prend pour se mettre une timbale quand on n'a plus rien à boire », résume Jean-Luc. Il poursuit : « Alors que là-bas, ils ne connaissent pas l'inflation. Je peux vous dire qu'à Fuissé madame roule en BMW, monsieur roule en Porsche. » Alors le couple se demande ce que Marwan Berreni peut bien faire là. Ils ne sont pas au courant de l'accident qui a eu lieu la veille, les médias n'en ont pas encore parlé.

Ils le laissent filer, leurs réflexions en tête. Marwan parcourt à pied le trajet qui le sépare d'une boulangerie, une petite demi-heure de marche encore.

C'est la veille des vacances au P'tit Quignon, planté en bord de départementale, murs crépis orangés, enseigne clignotante mais plus toutes les lettres, situé sur la commune de Saint-Jean-d'Ardières. Le lendemain, le rideau de fer va se baisser jusqu'à la rentrée de septembre, des vacances particulièrement longues car il faut refaire tout le carrelage du commerce. La boulangère a la tête ailleurs, elle doit tout boucler, les clients défilent, il fait chaud. Marwan entre, il commande un Oasis, un sandwich, ou une salade, la patronne ne se souvient plus trop. Dans quelques jours, la police va l'appeler sur son lieu de repos, lui réclamer de rentrer pour leur confier la caméra de vidéosurveillance. Elle répondra que ça ne l'arrange pas, ils n'insisteront pas. Les images s'autodétruiront sans que personne les voie. Ce qui est certain en revanche, c'est que Marwan paie en carte bancaire. Il est 15 h 08. Il retourne ensuite à pied vers Corcelles-en-Beaujolais et le chemin bordé de la ligne de train qui relie Lyon à Mâcon, le même d'où il est apparu une petite heure plus tôt à Jean-Luc et Aurélie. Ce soir-là, il est attendu par ses amis de la veille pour une soirée pétanque. Il ne vient pas.

Marwan a disparu

« Tu as des nouvelles de Marwan ? s'écrivent et se demandent ses proches. C'est quand la dernière fois que tu lui as parlé ? » Martine et Mourad se sont déjà posé toutes ces questions, il y a dix ans pile, pour Bilal. Cela ne peut pas recommencer. Mais décidément, il faut se rendre à l'évidence. Oui, Marwan a disparu. Jour un, jour deux, jour trois, jour quatre. Comme dans une impasse. Tous se partagent les articles qui commencent à paraître. L'accident. La voiture retrouvée. Marwan effacé, évaporé, recherché. L'ouverture de l'enquête. Certains reçoivent des coups de fil de la police, mais pas tous. Pas toujours les plus intimes, c'est aléatoire, on dirait qu'ils font au pif, se disent-ils. D'autres reçoivent même la visite des hommes en uniforme, ils veulent vérifier que Marwan n'est pas là. Ceux qui ne sont pas sollicités s'inquiètent : « Le cherchent-ils vraiment s'ils ne viennent pas chez moi ? » Il y a ceux qui savent à quel point le comédien n'allait pas bien, à quel point il ne cherchait plus vraiment à remonter la pente malgré ses promesses de « se mettre au vert », à quel point il avait déjà parlé de se foutre en l'air, à quel point l'idée de « rejoindre Bilal » pouvait virer à l'obsession, à quel point il s'était déjà approché du vide. Alors ils le disent à Ange Lhadi, ils tempêtent même : « Marwan est suicidaire » et « c'est très inquiétant ». C'est une forme de supplique : « Bougez-vous ! » Et puis ils se régulent eux-mêmes. D'abord, Marwan n'aurait jamais fait « ça » à ses parents. Jamais. Jamais. Jamais. Un jour, à Mourad, son fils a dit : « Maman et toi, vous êtes mes dieux. » C'est inimaginable donc, et Mourad s'y accroche et Martine aussi, à cette idée qu'il ne leur ferait pas « ça ». Et puis, ils rationalisent : « Si Marwan avait mis fin à ses jours, on l'aurait retrouvé. » L'espoir s'en va, revient, repart. Sandra, qui s'est beaucoup répandue dans la presse durant les premiers temps, est sommée par son avocate de se taire à partir de la rentrée de septembre. Pour la protéger, d'abord, mais Me Karen Charret a aussi en tête de ne pas braquer Marwan. Elle demande à sa cliente de ne plus parler publiquement de son état de santé, elle lui intime de ne pas dire que c'est grave, que tout est blessé, les épaules, le dos, les jambes, de ne pas préciser qu'il y a encore et toujours des hématomes à résorber. « On a dans l'idée de pas affoler le conducteur pour lui permettre de revenir », lui explique son conseil.

Mourad et Martine se coupent presque instantanément du monde. Il faut bien se protéger. Eux aussi ont leur petite cabane, comme Bilal en Laponie, le confort en plus. Un endroit caché quelque part en France, dans la forêt, à l'abri de tous. Alors, ils sautent dans leur voiture aux premiers jours du silence de Marwan, après avoir déclaré à la gendarmerie sa disparition inquiétante. Ils entassent à l'arrière Gina, la chienne de leur fils, et puis Édith et Simone, les deux poulettes qu'il leur a offertes il n'y a pas longtemps. Elles sont sages durant toute la route, à peine quelques caquètements. À son arrivée, le couple découvre deux œufs pondus dans le carton pendant le trajet.

Dans leur refuge, ils cherchent à éviter les regards des passants, esquivent les médias, ne répondent pas aux appels incessants des journalistes et des curieux. D'autant plus qu'ils ne savent rien eux non plus. La quinzaine d'enquêteurs sur le dossier ne leur confient pas la moindre information digne d'intérêt. En fait, ils ont même le sentiment que la police les prend pour des criminels. Et c'est vrai que c'est l'une des hypothèses privilégiées, comme on dit, que Marwan soit caché par ses parents. Un jour qu'ils se rendent chez Leroy Merlin, Mourad et Martine se sentent suivis sur l'autoroute. « On allait juste acheter un matelas ! » parvient à sourire la mère. Une voiture de gendarmerie stationne régulièrement sur le chemin en bas de chez eux. Ils enferment la chienne de Marwan la journée. Si les hommes en uniforme l'aperçoivent, ils vont penser qu'il est là. Un jeune gardien de la paix, 25 ans à peine, réclame à Martine des réponses qu'elle n'a pas lors d'un tête-à-tête qui apparaît vraiment décalé. Il lui murmure d'une voix douce qui se veut complice et convaincante : « Vous pouvez nous le dire que vous savez où il est. Comment faites-vous pour lui donner à manger ? Vous savez, je comprends ce que c'est d'être une mère. » Mais que comprend-il au juste à ce que c'est qu'« être une mère » ? Et, *a fortiori*, que comprend-il, ce gamin, à ce que c'est qu'« être une mère » qui recherche un enfant pour la seconde fois ? se demande-t-elle.

Les semaines passent. Le temps élargit le champ des possibles. Il permet de tout imaginer. Il approfondit le désarroi. Toutes les rumeurs courent maintenant que la presse s'est emparée de l'histoire. Dans les rues de Mâcon et puis bien au-delà, sur les réseaux sociaux, sur tout le territoire. D'abord, les premiers jours, la fuite. Marwan a eu peur, il s'est barré. Il s'est dit que c'était fini, qu'il allait payer cette erreur toute sa vie, que c'était fichu pour *Plus belle la vie*, pour sa carrière et pour tout le reste. Il aurait tracé « vers le sud », mais plus encore, sans doute, à l'étranger. Le Maroc ou l'Algérie, forcément. Des supputations qui ne reposent sur rien, à peine la rumeur de vacances à venir à Marrakech, et qui sont parfois bourrées d'arrière-pensées racistes. L'hypothèse de la cavale entraîne une foule de questions. S'échapper comment ? À pied, par les vignes ? Avec un complice venu le chercher ? Un ou une amie ? Est-il caché ? Par qui ? Par sa famille ? Et puis pourquoi est-il recherché comme témoin et pas comme suspect ? Et si ce n'était pas lui qui conduisait cette voiture qui n'a même pas l'air de lui appartenir ? Et s'il attendait, pourquoi pas, tapi dans l'ombre, que des substances illicites disparaissent de son corps ? L'ombre de l'affaire Pierre Palmade plane sans arrêt sur cette conversation à dix mille voix.

Au mois de février 2023, le comédien de 54 ans a provoqué un dramatique accident de la route sous l'emprise de la cocaïne et d'autres drogues variées, blessant grièvement trois personnes, dont une femme enceinte qui a perdu son bébé à la suite de l'accident. « Tous ceux qui le connaissent sont terrifiés. On a tout de suite pensé à l'affaire Palmade, bien sûr. On s'est dit : "Il a cru qu'il l'avait tuée, il a pété un plomb et s'est barré" », raconte un réalisateur qui a fait tourner Marwan quelques années auparavant. Le mariage de la presse people, des réseaux sociaux et de l'imaginaire collectif peut-être si fertile.

Certains proches se disent qu'il a eu honte. Au Japon, c'est un phénomène connu, celui des disparus volontaires. On les appelle les *jôhatsu*, cela veut dire « les évaporés », et ils sont près de 90 000 chaque année. Mais le procédé découle des spécificités de la culture japonaise, de la difficulté à accepter l'échec mêlée à une forte pression de la société. Marwan peut-il être un *jôhatsu* ? En

France, il y a chaque année environ 1 000 disparitions non élucidées. Ce sont souvent celles qui ne sont pas fouillées par les enquêteurs. Parce que c'est comme cela, les majeurs ont le droit de choisir de se dissoudre dans la nature. Le temps passe et l'hypothèse de la fuite ne semble plus crédible à grand monde. Les questions s'empilent. La famille, les amis, les collègues, les fans de *Plus belle la vie*, tout le monde se réveille et s'endort avec cette question : « Où est Marwan ? » Certains font dériver leurs hypothèses vers le polar. Pourquoi le comédien a-t-il réellement quitté ses amis à 21 heures ? Quel est le rôle du patron de la boîte de nuit qui porte un nom digne d'un personnage de série policière ? Marwan le connaît depuis longtemps. Il like ses publications Instagram depuis des années, repèrent les Colombo en herbe. Alors d'aucuns s'aventurent en pensée sur des terrains fort périlleux. Ils s'interrogent : qu'est-il venu faire dans cette boîte de nuit ? Boire un verre ? Ça n'a pas de sens, c'est ce qu'il faisait déjà avec ses amis une heure plus tôt. Voir des gens, mais voir qui ? Chercher de la drogue ? Et si cela avait mal tourné ? S'il était impliqué dans un trafic ? Est-il même sorti vivant de la boîte de nuit ? Si son corps avait été coulé dans du béton quelque part dans cette foutue zone industrielle ? Ça ne tient pas, évidemment. Marwan a été vu le lendemain de l'accident par des témoins, son téléphone a servi. Ça, tout le monde le sait. Mais le travail d'imagination permet de dériver loin de la réalité. Et puis ça ne tient pas, peut-être. Mais rien ne tient. Si Marwan a mis fin à ses jours, comment est-ce possible qu'il n'ait pas été retrouvé ? S'il a vraiment fui, comment est-ce possible qu'il n'ait pas touché à sa carte bancaire ? S'il est caché par un proche, comment est-ce possible qu'aucun mouvement suspect n'ait été remarqué chez personne ? Rien de tout cela n'est franchement de bon augure.

Des groupes de recherche s'organisent. La famille, les amis, les amis-acteurs, les amis de Bilal... Différents cercles se dessinent, de nouvelles conversations fleurissent chaque jour sur la messagerie WhatsApp. Certains maraudent en partant de là où a été retrouvée sa voiture. Tout est imaginé, du scénario le plus baroque au scénario le plus sérieux, du plus improbable au plus crédible. Par exemple, ils se disent qu'après tout Marwan a très bien pu appeler quelques fans inconditionnelles. Certaines ont bien dû accepter de l'aider. Il serait donc dans une cabane, entouré de superbes femmes prêtes à tout pour lui. Ou bien il aurait versé dans une sorte de trip survivaliste. Dans les bois, protégé de la chaleur par la nature, il se nourrirait de glands ou de baies, une histoire à la *Koh-Lanta*. Et puis après tout pourquoi ne serait-il pas caché dans la cale d'un bateau ? Certaines traversées durent bien des mois, non ? Ou berger dans le Larzac. Ce n'est pas si loin que ça, le Larzac, c'est moins compliqué d'accès que n'importe quelle destination à l'étranger, mais sans doute encore plus paumé... Et d'ailleurs, combien de temps a tenu Yvan Colonna dans le maquis corse, déjà ?

Deux proches de Marwan ont reçu un coup de fil d'un numéro inconnu dont ils ont réussi à remonter la source jusqu'à Tahiti. Au mois d'avril précédent, une alerte à la fraude bancaire par téléphone en Polynésie française a été émise par la gendarmerie. Des escrocs appelaient des gens au hasard en numéro privé et se faisaient passer pour des employés de banque afin de soutirer des codes d'accès aux comptes des particuliers. OK, mais si c'était Marwan ? A-t-il pu faire Paris-Papeete, en toute discrétion ? Avec escale aux États-Unis ? À moins qu'il ne soit passé par la Suisse ? Tous les proches de proches qui travaillent dans des aéroports sont sollicités. Personnels au sol, hôtesses de l'air, douaniers. De connaissances en connaissances, des salariés de la Swissair, de la Lufthansa, d'Air France-KLM, de Corsair, d'Air Caraïbes reçoivent des appels les suppliant de se plonger clandestinement dans les registres. L'hypothèse « PF » pour Polynésie française est à la mode un temps.

J'ai, au fil de ces semaines, de nombreuses discussions avec Sophie, l'agent de Marwan, avec Mourad, puis avec Rachel, l'avocate que les parents finissent par embaucher pour les aider à en savoir plus sur l'enquête en cours. Mourad et Martine souhaitent s'exprimer, ou plutôt tenter de s'adresser à Marwan. Le 2 octobre, je publie dans *Libération* au sein d'un article consacré à la disparition de leur fils la lettre qu'ils ont choisi de lui écrire.

> Marwan, si tu penses que tu as besoin d'aide pour chasser ce nuage sombre qui plane au-dessus de toi et te fait ressentir tristesse et désespoir ; pour que tout aille mieux demain ;
> Marwan, notre fils, affronte tes peurs. Tu as le droit de pleurer, mais reprends ton chemin, crois en toi, crois en tes rêves, même ceux que tu ne prononces pas. Murmure les mots qui réconfortent ; tu les connais, fais-toi confiance !
> Sache que toutes les tempêtes ne viennent pas forcément gâcher notre vie... Tu es unique,

tu es formidable, on aime ton rire, on aime ton sourire. Marwan, simplement, nous t'aimons, et croyons en toi ! Reviens ! On a besoin de toi !

Pop et Mam

Le texte devient viral. Toute la presse le reprend. À la télé, à la radio, dans les journaux, il est diffusé partout. La lettre est imprimée à l'encre noire dans les éditions matinales de certains quotidiens, elle tourne sur tous les sites Web spécialisés en infos people. Le casting tout entier de *Plus belle la vie*, des millions de followers cumulés, la publie sur Instagram. S'il est vivant, forcément, Marwan va tomber dessus. Même s'il est dans les bois, même s'il est dans la cale d'un bateau, même s'il se contente de glands pour survivre, même s'il n'a pas de télé, même s'il n'a pas de radio, pas de wi-fi non plus, même s'il est à l'étranger, il les entendra. Le monde n'est pas si vaste qu'il puisse échapper à leurs mots. L'écho donné au courrier de Mourad et Martine donne des idées à Cyril Hanouna, qui décide le lendemain de donner à l'affaire une séquence de son épuisante émission *Touche pas à mon poste!* Autour de lui, une bande de chroniqueurs pérorent tous les soirs. Gilles Verdez, l'un des piliers du bazar, déroule une chronique consacrée à l'affaire, dans laquelle il donne surtout un écho considérable à une rumeur relatée dans la presse régionale qui raconte ceci: « Un ami » serait venu chercher Marwan pour l'emmener en Suisse. « C'est sûr, c'est avéré », martèle Verdez. « À partir du moment où chez ce con de Cyril Hanouna ils ont raconté qu'il était en Suisse, j'y ai vraiment cru... soupire un ami des frères Berreni. Forcément, on veut y croire. On se dit qu'il ne dit pas ça comme ça, qu'il doit y avoir un accord entre les pays, une affaire de législation qui empêchait les flics de parler... »

Mais la réalité est tellement moins rocambolesque et infiniment plus triste.

Le 12 octobre, le corps de Marwan est retrouvé à Corcelles-en-Beaujolais, un petit village du

Rhône. Pendant tout ce temps il était là, dans une maison abandonnée, située à la sortie du chemin sur lequel il a été vu pour la dernière fois par un couple dont la femme était une fan d'Abdel.

Épilogue

Au mois de décembre 2023, Martine et Mourad ont organisé une cérémonie pour Marwan dans la somptueuse salle des mariages de la mairie du 20e arrondissement de Paris. Sur l'invitation, il y avait un dessin esquissé par Kevin, l'ami de Bilal devenu celui de Marwan. On y voyait les frères Berreni avec des têtes de pigeons, assis sur un banc parisien. L'aîné était encore habillé, ses manches de chemise retroussées laissant apparaître son avant-bras tatoué « *Saudade* ». Il venait à l'évidence de rejoindre son cadet, lui désormais en simple slip, la posture plus animale, détendue. Tous deux tournés l'un vers l'autre, accaparés par la reprise, enfin, de leur dialogue brutalement interrompu dix ans plus tôt.

Leurs parents ont fédéré autour d'eux cet après-midi-là un aréopage de trentenaires effondrés, des comédiens de *Plus belle la vie* aux amis de Bilal, qui se sont efforcés de diffuser de la joie en jouant des saynètes de théâtre, en projetant des photos des beaux jours. Coline d'Inca a organisé les prises de parole, Marylou Salvatori a chanté « Sodade » de Cesaria Evora et Myra Tyliann « Freight Train » d'Elizabeth Cotten, qu'elle avait repris lors de l'inauguration de la place Bilal-Berreni quatre ans et demi plus tôt. Dans l'assistance, Dounia Coesens et David Baiot se soutenaient, entourés d'une dizaine de comédiens du show qui avaient comblé la vie professionnelle de Marwan. Martine a raconté les petits déjeuners gargantuesques de la rue Saint-Blaise. Mourad a pris sa guitare et interprété « La Contre-Allée »[1], une chanson du comédien Daniel Auteuil.

---

[1] « La Contre-Allée », texte écrit par Daniel Auteuil, *Si tu as peur, n'aie pas peur de l'amour*, 2023.

> Oh je voudrais partir, loin d'ici m'en aller, oh je voudrais m'enfuir, prendre la contre-allée. Descendre le ruisseau, et suivre la rivière, dans un dernier sursaut, retourner voir la mer. Avec quelques saumons, qui sont de mes amis, remonter le courant, des torrents de ma vie. Ne plus être une mouche, collée à la fenêtre, devenir cette touche de soleil et renaître. Quelque part à Alger, sous l'ardente lumière, à l'ombre d'un figuier, et embrasser ta mère. Oh je voudrais partir, loin d'ici m'en aller, oh je voudrais m'enfuir, prendre la contre-allée. Mon fils foutre le camp, mon fils mettre les bouts, de ce chaudron du temps, où ma vie se découd. [...] Ne pleure pas mon fils, mon amour sur la terre, ne pleure pas mon fils, je vais revoir ta mère.

Antoine Page, l'ami réalisateur de Bilal, a prononcé un discours mêlant humour et émotion au cours duquel il a raconté « les frangins Berreni qui avaient tendance à ne pas faire dans la demi-mesure ». Et a résumé les derniers mois de Marwan en une saillie qui se voulait à la fois réaliste et réconfortante : « On imaginait tout sauf ça, tout sauf le plus probable : qu'il ait juste fini d'en baver une bonne fois pour toutes. » J'ai aussi retenu ce que Mourad a dit de Marwan : « Son projet à venir, c'est de ne pas nous manquer. »

Un jeudi ensoleillé de février 2024, Édith et Simone gambadent en plein soleil dans leur enclos qui n'est en réalité pas clos. Le grillage est ouvert côté gauche et côté droit aussi. Si elles veulent sortir, elles peuvent. Elles sont libres. Leur poulailler est magnifique, bâti sur pilotis, planté dans l'herbe, en planches de bois bleu clair. Il ressemble à une maison de bord de mer, en Normandie ou en Californie. Ces deux poules et leur habitation sont le dernier cadeau qu'a fait Marwan à ses parents : Édith en hommage à Piaf, môme du 20e arrondissement comme Bilal et lui, Simone pour Veil, Weil, et Nina.

Cela fait désormais six mois que je discute avec Mourad et Martine. On s'écrit souvent, on se voit de temps en temps. Je leur ai déjà dit ce que je souhaitais entreprendre : « Un livre, un portrait des deux garçons qui raconterait leur personnalité, leur travail et votre famille aussi. J'envisage difficilement de le faire sans m'entretenir avec vous, sans votre récit et votre regard, car je souhaite que ce soit le plus proche possible de ce qui vous ressemble. » L'idée a fait son chemin dans leur esprit, et Mourad m'a expliqué que le mieux était que nous nous voyions posément tous les trois pour en parler.

Nous voilà donc dans leur refuge. Je découvre un cocon, une maison de conte de fées. Dans la cheminée du salon, le feu crépite, de la cuisine ouverte émane l'odeur du tajine de poulet qu'a préparé Martine. Il y a des bouquins partout, des œuvres de Bilal sont disséminées au mur et sur les étagères. Je comprends qu'ils sont d'accord avec cette idée de livre, que le traitement médiatique trash des morts de Bilal et Marwan, expédiées au rayon des faits divers, les a révoltés. Qu'ils estiment que même si cela implique forcément d'évoquer des moments difficiles et de se rendre dans les recoins parfois torturés du quotidien de leurs enfants, leur drame mérite d'être replacé dans un contexte plus vaste. Celui de leur vie à tous les quatre. « Notre maison, c'était la lumière. Tout allait bien. Je ne sais pas ce qui s'est passé. Je me dis, dans une famille qui a des failles, peut-être que ça peut s'expliquer, mais chez nous ? » interroge Martine en préambule, avant de murmurer : « Rien n'explique cela. » Mourad abonde : « C'est vrai qu'il y a un mystère avec eux. »

Nous discutons durant sept heures ce jour-là, et bien d'autres rencontres suivront. Je ne sais pas combien de temps nous avons passé à échanger en marchant dans la campagne, en voiture sur les routes de l'Yonne, dans un restaurant d'Auxerre, par messages, dans un café de la gare de Lyon à Paris ou dans la petite loge d'un somptueux théâtre caché dans un village de Bourgogne, où Mourad mettait en scène ce soir-là la comédienne Angélique Boulay dans le rôle d'Etty Hillesum. Une pièce de théâtre adaptée du journal de cette Hollandaise, rédigé en partie pendant la Seconde Guerre mondiale, qu'ils travaillent ensemble depuis une petite quinzaine d'années déjà. Bilal en avait dessiné une première affiche, troublante. Le visage de la jeune déportée y était similaire au sien, comme un autoportrait détourné.

J'avais déjà remarqué que Mourad et Martine étaient passionnés de littérature et d'art en général, je découvre que politique et culture sont chez eux des instrument de survie. Ils continuent de se battre et de s'animer joyeusement pour la défense de leurs valeurs. Lorsque l'extrême droite semble aux portes du pouvoir[1], les parents Berreni défilent en résistance dans les rues d'Auxerre. Mourad me demande : « Tu peux essayer de demander au boss de *Libération* d'organiser une grande manif avant le premier tour des législatives pour nous qui

[1] Le 9 juin 2024, le président de la République Emmanuel Macron a annoncé la dissolution de l'Assemblée nationale. En tête dans les sondages jusqu'aux élections anticipées des 30 juin et 7 juillet 2024, le Rassemblement national arrive finalement en troisième position.

avons besoin de trouver du sens et de la positivité ? Sinon je fais ça tout seul ! » Puis il promet que, de toute façon, si l'extrême droite s'installe un jour à l'Élysée, Martine et lui se tireront dans un pays de gauche. On en rigole, il ne reste pas beaucoup d'options autour de nous. « Alors ce sera une île de gauche ! Hein, Martine, on va trouver une île de gauche ? », il tente.

Le couple continue aussi d'aller au théâtre très régulièrement et d'en parler avec passion. Le 6 mai 2024, jour de l'anniversaire de Martine, les organisateurs des Molières les ont conviés à la cérémonie qui sacre les meilleures pièces de l'année. Le visage éclatant de Marwan a été projeté sur un écran géant lors d'un hommage aux disparus de 2023. La comédienne Alice Taglioni jouait du piano sur scène et ça les a bouleversés. « C'est comme si Marwan s'était débrouillé pour être présent pour mon anniversaire », me dit Martine.

Ils visitent sans arrêt des expositions ou vont à des concerts. Celui de Clara Ysé était un immanquable. D'autant que Marwan l'adorait aussi, tout comme il aimait Zaho de Sagazan, nouvelle star de la variété française qui chante qu'« il fait toujours beau au-dessus des nuages ». Le couple lit aussi beaucoup. Mourad m'incite à me plonger dans *La Vie interdite* de Didier van Cauwelaert. Il en a trouvé un exemplaire dans une étagère de la maison après la mort de Marwan. Il n'en est pas revenu. L'histoire de ce type qui meurt à 34 ans aussi, et qui observe de là-haut en se marrant le quotidien de ses proches durant « l'après », c'était comme un message : un texte qui rit du pire, qui laisse penser que ça ne va peut-être pas si mal dans l'au-delà. « J'ai une spiritualité terrestre et un sens du sacré, mais je ne suis ni vraiment croyant ni vraiment pratiquant », confesse Mourad. Oui, mais tout de même, le voilà qui évoque un jour la religion bouddhiste pour parler de Bilal. Il imagine que son cadet s'est sans doute réincarné dans la mauvaise vie, qu'il aurait dû évoluer au XVIIIe siècle peut-être, celui des Lumières et de la Révolution, qu'il est tombé ici par hasard et par erreur. « Alors, il fallait qu'il fasse plein de choses très vite et qu'il se tire », poétise son père.

Ce jour de février, après le déjeuner, Mourad et Martine parlent de leur rêve de partir s'installer en Bretagne. Ils ont déjà passé trois jours à Saint-Malo, une merveille. Protégée des agressions extérieures par ses vastes remparts, battue par les vents, les vagues qui régénèrent. Mais pourquoi pas la Bretagne sud, plus douce que la sauvage Bretagne nord ? Au fond du jardin, il y a toujours la cabane bâtie par Marwan. Nous allons y faire un tour. À l'intérieur, il y a les instruments de musique de Mourad, un book des chansons françaises qu'il aime reprendre posé sur un chevalet, des piles de BD jaunies qui appartenaient au frère de Martine, au mur une des six plaques « Place Bilal-Berreni dit Zoo Project » données par la mairie de Paris, et des livres partout.

Dans un petit coin, une feuille est punaisée. Mourad y a tapé à l'ordinateur « Demain dès l'aube[1] », poème de Victor Hugo adressé à Léopoldine, sa fille décédée.

Demain, dès l'aube, à l'heure où blanchit la campagne,
Je partirai. Vois-tu, je sais que tu m'attends.
J'irai par la forêt, j'irai par la montagne.
Je ne puis demeurer loin de toi plus longtemps.

Je marcherai les yeux fixés sur mes pensées,
Sans rien voir au-dehors, sans entendre aucun bruit,
Seul, inconnu, le dos courbé, les mains croisées,
Triste, et le jour pour moi sera comme la nuit.

Je ne regarderai ni l'or du soir qui tombe,
Ni les voiles au loin descendant vers Harfleur,
Et quand j'arriverai, je mettrai sur ta tombe
Un bouquet de houx vert et de bruyère en fleur.

En relevant les yeux après la lecture du poème, je tombe sur une vaste carte de la Bretagne accrochée au mur. Des guides touristiques de la région sont éparpillés un peu partout sur le bureau.

---

[1] Victor Hugo, « Demain, dès l'aube », *Les Contemplations* (1856), Le Livre de Poche, 1972.

En juin 2024, alors que *Plus belle la vie* a repris depuis plusieurs mois sur TF1, un épisode est diffusé pour expliquer la disparition soudaine du personnage d'Abdel Fedala. Les producteurs justifient cette intrigue par la pression des téléspectateurs. Les scénaristes ont donc imaginé que l'avocat culte de la série a péri en héros en cherchant à sauver les habitants d'un immeuble du Mistral effondré.

Le jour de la diffusion, le nom de Mourad Berreni s'affiche sur mon téléphone. Il m'envoie une photo de Martine, souriante, les bottes jaunes dans le sable, au bord de la mer, avec cette citation de l'écrivain persan Hodjviri : « La vie est un rêve dont la Mort nous réveille… » Ils se trouvent dans le Morbihan à la recherche de leur future maison. Pour Bilal et Marwan, ils écrivent désormais l'histoire de leurs parents après eux, leurs parents avec eux.

Table

Remerciements

Merci avant tout et surtout à Mourad et Martine Berreni-Sarlandie, pour avoir permis notre rencontre, pour tous nos échanges et leur confiance.

Merci aux nombreux amis, proches et collègues de Marwan et Bilal Berreni qui ont accepté de me rencontrer pour ce livre.

Merci à Laurent Beccaria et à Jean-Baptiste Noailhat, pour avoir cru en cette histoire et pour m'avoir si bien accompagnée.

Merci à mon journal *Libération* pour sa rigueur, sa liberté et sa joyeuse folie. Spécialement à Rachid Laïreche, Laure Bretton, Christian Losson et Guillaume Gendron.

Merci à Judith Perrignon pour les précieux éclairages sur Detroit et pour son roman *Là où nous dansions*.

Merci à Camille et Pierre pour leur regard bienveillant, attentif et exigeant, à Matthieu et Alice pour leur écoute tout au long de ce projet, à ma mère pour tout, à Guillaume pour ce qu'il y a de plus précieux, à Élodie qui sait son importance.

DE LA MÊME AUTRICE

Jérôme Cahuzac : les yeux dans les yeux, Plon, 2013
Le Pari, avec Bastien Bonnefous, Plon, 2016
Macron 2. Les secrets d'une réélection, avec Dominique Albertini, L'Archipel, 2022

L'EXEMPLAIRE QUE VOUS TENEZ ENTRE LES MAINS
A ÉTÉ RENDU POSSIBLE GRÂCE AU TRAVAIL DE TOUTE UNE ÉQUIPE.

COUVERTURE : Éric Pillault
RÉVISION : Agnès Aubry, Fabrice Émont, Anaïs Pournin
et Isabelle Paccalet, avec Julie Mandart
MISE EN PAGE : Soft Office
PHOTOGRAVURE : Point 11
FABRICATION : Anna Polonia
COMMERCIAL ET MARKETING : Pierre Bottura
COORDINATION : Jean-Baptiste Noailhat

RELATIONS LIBRAIRES : Salomé Bernard
PRESSE ET COMMUNICATION : Jérôme Lambert avec Manon Lejeune
COMMUNICATION DIGITALE : Marc Blactot, Adèle Hybre
et Soraya Lecroc

RUE JACOB DIFFUSION : Élise Lacaze (direction), Katia Berry
(grand Sud-Est), François-Marie Bironneau (Nord et Est),
Charlotte Jeunesse (Paris et région parisienne), Christelle Guilleminot
(grand Sud-Ouest), Laure Sagot (grand Ouest), Diane Maretheu
(coordination), Charlotte Knibiehly (ventes directes)
et Camille Saunier (librairies spécialisées)
DISTRIBUTION : Interforum
DROITS FRANCE ET JURIDIQUE : Geoffroy Fauchier-Magnan
et Marion Rowe
DROITS ÉTRANGERS : Ella Bartlett et Elvire Beaule
DROITS AUDIOVISUEL, THÉÂTRE, PODCAST : Geoffroy Fauchier-Magnan
ACCUEIL ET LIBRAIRIE : Laurence Zarra et Lucie Martino
ENVOIS AUX JOURNALISTES ET LIBRAIRES : Vidal Ruiz Martinez
COMPTABILITÉ ET DROITS D'AUTEUR : Christelle Lemonnier,
Camille Breynaert et Christine Blaise
SERVICES GÉNÉRAUX : Isadora Monteiro Dos Reis

L'ensemble de cet ouvrage a été réalisé dans le respect des règles environnementales en vigueur. Il a été imprimé sur du Lac 2000 PEFC pour l'intérieur et une carte Crescendo PEFC pour la couverture.

Achevé d'imprimer sur les presses
de l'Imprimerie Floch
à Mayenne (Mayenne)
en septembre 2024.

ISBN : 979-10-375-1268-0

Numéro d'impression : 105369
Dépôt légal : Octobre 2024

En France, un livre a le même prix partout. C'est le « prix unique du livre » instauré par la loi de 1981 pour protéger le livre et la lecture. L'éditeur fixe librement ce prix et l'imprime sur le livre. Tous les commerçants sont obligés de le respecter. Que vous achetiez votre livre en librairie, dans une grande surface ou en ligne, vous le payez donc au même prix. Avec une carte de fidélité, vous pouvez bénéficier d'une réduction allant jusqu'à 5 % applicable uniquement en magasin (les commandes en ligne expédiées à domicile en sont exclues). Si vous payez moins cher, c'est que le livre est d'occasion.